U0359946

智慧港口仿真与优化

周琛淏　著

机械工业出版社

港航物流产业是国际贸易与全球经济的重要支柱，智慧港口的建设已经成为我国交通强国战略的重要组成部分。除了先进的硬件技术及配套的软件技术外，智慧港口的发展还离不开以运筹学为核心的智能决策。本书从港口码头的视角，介绍了运筹学领域中相对新颖的研究方向——仿真优化集成方法，并围绕国内外自动化码头在闸口智能化、堆场智能化、码头智能化三个方面，详细探讨了如何将仿真与优化方法用于解决实际问题。

本书可以作为管理科学与工程、工业工程、交通运输工程等方向的硕士研究生及博士研究生的参考书，也可以作为从事智慧港口研究与建设的专业人员的参考书。

图书在版编目（CIP）数据

智慧港口仿真与优化/周琛淏著. —北京：机械工业出版社，2022.12
ISBN 978-7-111-72302-8

Ⅰ.①智… Ⅱ.①周… Ⅲ.①港口建设－系统仿真－最优设计－研究 Ⅳ.①U65-39

中国版本图书馆 CIP 数据核字（2022）第 247397 号

机械工业出版社（北京市百万庄大街 22 号　邮政编码 100037）
策划编辑：赵　迪　　　　　责任编辑：马军平
责任校对：薄萌钰　张　薇　封面设计：马若濛
责任印制：郜　敏
北京富资园科技发展有限公司印刷
2022 年 12 月第 1 版第 1 次印刷
169mm×239mm・8.75 印张・1 插页・155 千字
标准书号：ISBN 978-7-111-72302-8
定价：59.00 元

电话服务　　　　　　　　网络服务
客服电话：010-88361066　机　工　官　网：www.cmpbook.com
　　　　　010-88379833　机　工　官　博：weibo.com/cmp1952
　　　　　010-68326294　金　书　网：www.golden-book.com
封底无防伪标均为盗版　机工教育服务网：www.cmpedu.com

序

在区块链、物联网、大数据、人工智能等新兴技术的推动下，港口竞争已从传统的运输能力、吞吐量的竞争，转变成科技创新、口岸效率、可持续发展能力等方面的竞争，智慧港口是全球港口企业面临的转型升级与创新的必然趋势，智慧港口时代已然到来。

我国高度重视港口发展，提出"要志在万里，努力打造世界一流的智慧港口、绿色港口"等目标，为新时代港口发展指明了方向。国家陆续出台一系列政策，引领港口转型升级，全面推进智慧港口的建设与发展。中共中央、国务院印发的《交通强国建设纲要》中明确指出要"推广新能源、清洁能源、智能化、数字化、轻量化、环保型交通装备及成套技术装备。广泛应用智能高铁、智能道路、智能航运、自动化码头、数字管网、智能仓储和分拣系统等新型装备设施"。《交通运输部关于推动交通运输领域新型基础设施建设的指导意见》中也指出"以技术创新为驱动，以数字化、网络化、智能化为主线，以促进交通运输提能效、扩功能、增动能为导向，推动交通基础设施数字转型、智能升级"，同时进一步强调打造智慧港口，"鼓励港口建设数字化、模块化发展，实现建造过程智能管控。建设港口智慧物流服务平台，开展智能航运应用"。推动智慧港口建设已成为"十四五"时期港口高质量发展的必然要求。本书紧密结合国家发展战略，谋求促进智慧港口建设，为国家科研事业的发展做出了新贡献。

我非常认同本书中提到的一个观点，即"利用计算机模型与算法进行辅助或自主决策是智慧码头与传统码头的一项主要区别"。运筹建模优化与仿真模拟优化作为管理决策优化中两条常见的技术路线，在解决现代海运物流决策问题中发挥着重要作用。运筹建模优化通过设立约束条件使得问题的边界清晰，能够更加精准地为特定场景下的决策提供最优的解决方案。但现实问题中存在一些复杂系统，导致难以用严谨的数学模型抽象出大量细节约束，此时仿真模拟更加容易实施，它能够充分考虑问题的真实性和随机性。本书将运筹建模优化与仿真模拟优化两者进行融合，全面揭示了智慧港口的优越性，并对应用案例展开探讨分析，兼具理论价值与实践价值。

周琛淼教授秉持着做"顶天立地"的研究理念，长期致力于解决自动化码头智能管控的相关科学与工程问题。本书针对自动化码头中涉及的闸口智能化、堆场智能化、码头智能化等决策优化问题，基于仿真优化方法建立了仿真模型以及最优协同调度策略，并结合应用实例，论证了通过数字化、智能化手段来提高港口作业的运营效率的重要性与必要性，该创新性工作可以为后续开发面向智慧港口的决策支持系统提供强有力的支撑。

智慧港口孕育着新的机会和可能性。随着我国多省市数字经济发展规划、开展智慧港口建设专项行动等建设规划的深入推进，加快各项科技成果在港口领域的落地应用已迫在眉睫。上海洋山深水港四期全自动化码头的开港运营是我国港口生产作业、技术应用、管理模式等方面的一次深度变革和重新架构。我期待周琛淏教授在以后的研究中继续运用先进的仿真优化理论，围绕港口企业升级转型的实际痛点与难点，在更高层面上实现港口资源的优化配置，为推动更加智能、安全且便捷的智慧港口高质量发展做出新的贡献。

上海大学管理学院院长、

教授、博士生导师

2022 年 11 月

前　言

海洋运输是国际贸易与全球经济的重要支柱，承载了全球贸易中近 80% 的货物量及超过 70% 的货物价值。而港口码头作为海洋与陆地运输的关键且唯一的枢纽，需要快捷、高效地在海洋与陆地之间转运货物。自 1993 年世界上第一个自动化集装箱码头，即荷兰鹿特丹港 ECT（Europe Combined Terminals）码头正式运营以来，智慧港口、自动化码头成为世界各国竞相追逐的"大国重器"。21 世纪始，国外基于先进的通信技术、网络技术和智能技术，加速建设自动化集装箱码头。作为全球港口大国，我国在世界前十名集装箱大港中占据 7 席，但却很少出现在象征全球港口最强科技的全自动甚至半自动化码头榜单上。近几年，我国大力投入信息技术研发与自动化码头建设：2014 年，厦门远海码头对部分泊位进行改造，建成了国内第一个全自动化集装箱码头；随后，青岛港、上海港、广州港等先后开始规划建设。在这个过程中，行业积累的大量的码头设计、规划、建设、运营与优化经验，使我国港口码头智慧化水平有了长足的进步。传统码头、自动化码头以及如今的智慧港口的相关研究问题，也是学界关注的重点。其中，运筹学作为计算机辅助与自主决策的支柱，为解决海事物流业的复杂决策问题做出了重要贡献，为码头智慧化提供了关键技术框架。对于绝大部分码头规划、计划与调度的评估及决策相关的研究，国内外大多数同行或专注于优化方法，或专注于仿真方法，而对综合应用仿真与优化方法的研究较少。

本书首先以海事物流、港口运营为背景提出了五种同时使用仿真与优化的研究方法，阐述了每种研究方法对应的研究问题与适用范围，并将近百篇海事物流及港口运营背景的文献按照五种研究方法进行分类；其次，围绕国内外自动化码头在闸口智能化、堆场智能化、码头智能化三个方面的实际需求，介绍了车船协同调度问题、堆场资源规划问题，以及码头韧性优化问题，并分别从问题背景、应用价值、研究方法和研究成果角度展开了详细的论述；之后，通过分析海运行业对码头未来技术发展的态度变化，深入探讨了港口码头的数字化发展进程，并提出了未来港口码头数字孪生的主要结构；最后，展望了未来智慧港口的发展愿景与目标。

本书是作者在新加坡留学工作 8 年以来，围绕港口智能化与码头自动化的研究积累，也是与相关港口企业合作的经验总结。相关研究得到了新加坡国立大学工业系统工程与管理系海事物流领域专家（也是作者的博士生导师）Chew Ek Ping 教授与 Lee Loo Hay 教授的精心指导，得到了徐捷副教授、李浩斌博士、马宁博士等同事的大力支持。本书在成稿及出版过程中得到了周支立教授，博士生管琳菲、王子亮、原梦雪，硕士生何庆、袁沛学、周玉彤的大量帮助。作者对以上学者、朋友表示由衷的感谢！

作者期望本书可以为从事智慧港口研究与建设，以及对基于仿真的优化研究方法感兴趣的专业人员提供若干有益的实例与引导。

周琛淏

▪•目 录

第一章

绪　论

第一节　智慧码头的战略意义

海洋运输是国际贸易与全球经济的重要支柱，承载了全球贸易中近 80% 的货物量及超过 70% 的货物价值。港口是海洋与陆地运输的关键枢纽，也是全球综合运输网络的重要节点。随着港口业务不断拓展，并与上下游产业链、供应链形成紧密联系，港口正在成为现代物流网络链中的一个综合平台，为发展物流产业群和临海工业提供载体。码头作为港口最重要的组成部分，承载了绝大部分的货物运输与流通，其作业效率直接影响港口的核心竞争力。

传统的集装箱码头需要大量的人力在现场作业，除了指挥、操纵与维护码头机械外，还需要通过人工的方式记录与反馈码头作业情况，效率低且易出错。同时，沿海风吹日晒，集装箱装卸环节存在操作风险，码头作业工作环境艰苦，对年轻人吸引力差。人工成本的快速上涨及从事复杂码头作业的劳动力短缺，尤其是港口内司机严重短缺，使得集装箱码头不得不将目光投向自动化技术以降低人力需求。据 2018 年联合国贸易和发展会议《海事交通年报》统计，近 75% 的码头运营商认为自动化至关重要，有利于在未来三到五年内保持竞争力，65% 的人认为港口自动化可提升运营安全，且受访者对整体投资回报持乐观态度，约 1/3 的受访者认为自动化可以将生产率提高 50%，约 1/5 的受访者认为自动化可以将运营成本降低 50% 以上。

从 1990 年至今，世界范围内重要的集装箱码头完成了从人工码头，经半自动化的过渡，逐渐进入全自动化时代的转变。与传统码头不同，全自动化码头的船只装卸现场并不需要大量工作人员，仅靠自动化装卸设备和无人驾驶运载车就可简洁有序地完成整个装船过程，比传统码头节省 90% 的人力成本。伴随着先进的通信技术、网络技术和智能技术的发展，世界各国竞相追逐半自动化或全自动化码头的建设：从 1993 年世界上第一个自动化集装箱码头在荷兰鹿特丹港建成并正式投入运营,到 2014 年厦门远海码头成为国内第一个全自动化集装箱码头,再到广州港南沙港区四期成为粤港澳大湾区首个全自动化码头,目前全球自动化集装箱码头已有 30 多个,其中包括全自动化码头近 20 个。

随着航运吞吐量的逐年上升,全球各大港口正积极进行自动化改造,并着眼于进一步的智慧化升级。宓为建教授在《智慧港口概论》中将智慧港口定义为以信息物理系统为结构框架,通过高新技术的创新应用,使物流供给方和需求方共同融入集疏运一体化系统;极大提升港口及其相关物流园区对信息的综合处理能力和对相关资源的优化配置能力;智能监督、智能服务、自主装卸成为其主要呈现形式,并能为现代物流业提供高安全、高效率和高品质服务的新型生态港口。这个定义注重港口全链条、以港口为中心的生态系统的信息化、智能化。而码头作为港口的核心组成肩负着货物流通的重任,智慧码头更加注重通过高新技术的创新应用,使码头自动化作业更加安全、稳定、高效、环保,使码头设备、资源之间的相互协调更加优化。随着智能算法、人工智能、5G、大数据、云计算等数字化技术的发展,码头智慧化势必进入蓬勃发展阶段。

第二节　智慧码头国内外现状

一、智慧港口建设近况

鹿特丹港是欧洲第一大集装箱港口,每年吞吐接近 5 亿 t 货物,接待包括集装箱船在内的各类船舶超过 14 万艘次。近年来,随着亚洲(特别是中国)港口的快速崛起,鹿特丹港在集装箱吞吐量上已经失去比较优势,但它依靠科技与创新驱动,依旧是全球港口的领军者。为了实现"全球最智慧港口"的雄心,鹿特丹港始终关注科技和创新,致力于建设数字化港口以提高港口和供应链的效率。例如,针对货主承运人推出了集装箱货物跟踪应用"Boxinsider",这款应用利用来自集装箱船、深水港及内陆码头的状态信息跟踪集装箱,并确定船舶的预计和实际到达与离开时间,集装箱在集装箱码头的装卸时间;针对船公司、代理商、服务提供商和运营商推出数字化解决方案"Pronto",允许所有用户在整个港口挂靠流程中以最佳的方式计划、执行和监控业务活动,大幅提高港口靠泊效率;与 IBM 物联网平台合作,通过收集和处理实时水文、气象传感器数据,带来更安全高效的航运交通管理。

2015 年,新加坡港为了应对航运联盟的布局变动和区域港口乃至全球港口的激烈竞争态势，提出"2030 年下一代港口"（NGP 2030）规划，描绘了新加坡港的未来图景。NGP 2030 用以指导新加坡港口的总体规划和发展，旨在利用新一代技术来提高港口的效率和土地利用率，并保障港口作业安全性。NGP 2030 以大士港智能港口建设为核心，将各类先进的港口技术应用于大士港，主要包括自动化码头、智能船舶交通管理系统和港口数字化社区，努力打造一个稳定高效、可持续发展的未来港口。其中，大士港在自动化、远程控制的基础上，拓展更多智能化功能，通过使用无人机替代人工完成含潜在危险的工作，如高空维修和故障评估等；通过大数据分析实现港口设备的预测性和规范性维护，预防潜在故障；使用仿真模型分析自动化港口设备的作业数据，应用仿真分析和人工智能技术得到最大化提升港口生产力的方案。

2020 年 6 月，天津港与华为技术有限公司（简称华为）以"建设世界一流港口"为目标，达成信息化顶层设计及智慧港口建设方面的深度合作协议，规划了面向船舶、货物、集装箱卡车（简称集卡）、安防、运营、设备六大领域的 14 个落地项目，首次提出了"港口智能体"理念，将港口变成一个自治运行、无须人工干预的智能体，能够以最优化、最合理、最科学的方式运行。其中，天津港北疆港区 C 段智能化集装箱码头采用华为商用车港口自动驾驶解决方案，通过云服务实现智能车的水平运输系统，通过车路云协同驾驶、时空预测路径规划、V2X 信息融合、动态高精地图等关键技术，实现自动化水平运输高效运作、多种自动与智能载运车辆的混合调度。

2021 年 4 月，宁波舟山港联合浙江移动和华为展示了 5G 无人智能集卡与常规集卡混编作业模式，如图 1-1 所示，共有 13 台无人智能集卡参与测试联调，全程自动化驾驶可以自主做出减速、制动、转弯、绕行、停车等各种决策，提供最优运行路线并精准驶入轮胎吊作业指定位置，从而满足港口封闭区域内水平运输的需求，大大提升港口的自动化水平，同时提升了运输安全性。传统的 AGV（Automated Guided Vehicle，自动导航车）方案因旧港改造难度大、缺乏灵活性、造价高等缺点，应用场景被严重制约。而无人智能集卡不需要对码头基建、布局做出大调整，只需要在通信、传感上面进行升级即可投入使用，具有建设周期短、投资少等优势。无人智能集卡将有效替代人力，降低成本。以梅山港为例，200 多台内集卡司机约有 800 人，司机人力成本按每人每年 12 万元计算，一年司机人力成本就要近 1 亿元。

2021 年 6 月，全球首创智能空中轨道集疏运系统（简称智能空轨系统）示范段在山东港口青岛港竣工。该系统主要由空中轨道连接港口不同区域，通过空轨与多种水平运输载具交互作业实现集装箱跨运。该系统构建起了立体有轨集疏运生态系统，实现不同码头的多平台"握手""互联"，打通海铁联运"最后一公里"，实现港口、陆路、铁路联运"零换乘"。此外，该系统极大地降低了多式联运模式下的集疏运体系建设成本。以青岛港前湾南岸的集装箱码头集疏运为例，需征用成本约 80 亿元的铁路建设用地，而智能空轨系统占地面积仅为公路建设的 30%，建设成本比原铁路方案节省成本 50%以上，并有效规避了铁路进港导致港区疏运效率降低和公路运输车辆带来的城市交通拥堵、道路安全等问题。为了保证可靠性与高效性，该系统综合应用多项先进的软硬件技术，实现了多项创新。例如，智能运控系统在保证安全运行的基础上，实现自动发车、智能调速、自动出入库、远程控制等功能；空轨与多设备交互作业模式集成融合 5G 通信以及"北斗+差分"、机器视觉、交叉感应环线、激光扫描、磁钉导航等多种定位技术，平均自动定位精度达 2cm，使空轨能够与其他水平运输载具，如 AGV、IGV（Intelligent Guided Vehicle，智能导航车）、有人集卡、无人集卡等准确衔接，无须纠偏；空轨智能调度系统提出了港口车辆—船舶—港口—场站—海关一体化架构，实现了多设备一体化智能管控和协同调度。

图 1-1 宁波舟山港 5G 无人智能集卡与常规集卡混编作业模式

（图片来源：华为官方网站 https://www.huawei.com/cn/news/2021/4/ningbo-5g-port-2021）

2021 年 8 月，国际港口运营公司 DP World 完成了一种新型的货架式全自动集装箱智能堆场系统（见图 1-2）的试运行工作，试验结果显示该系统性能好于预期。早在 2020 年年初，DP World 在阿联酋 Jebel Ali 码头安装了首个能容纳 800 个集装箱的 Boxbay 垂直存储系统，该系统是 DP World 与合资伙伴德国工程公司 SMS Group 联合设计，单位面积的处理量是标准集装箱堆场的 3 倍，可将码头的占地面积减少 70%，能源成本降低 29%。钢制的货架上可以堆放 11 层高的集装箱，配备的机器人起重机可以随时提取任何一个集装箱，无须像以往一样重新堆放。在试运行过程中，该系统已经完成了 63000 次搬运，在性能、可靠性、能耗等重要参数上都远远超越了原本的目标。搬运机器人的电力再生装置和架顶上的太阳电池板有助于将二氧化碳排放量降至最低，对于全球的港口而言，这种颠覆性的技术不仅增加了码头的装卸量和集装箱存储量，也使它们朝着可持续发展迈出了更大的一步。

图 1-2　新型的货架式全自动集装箱智能堆场系统

（图片来源：官方网站 https://www.sms-group.com）

由此可见，海事物流这一传统产业正在经历从劳动密集型到半自动化，并最终向全自动化的重大产业升级过程。全球高速的经济发展进程也对海事物流产业提出了更智能的无人作业、更高的运营效率、更环保的可持续发展等重大需求。为了满足这些需求，海事物流产业开始大量应用计算机辅助决策技术，并在实践过程中寻找机器决策与人工决策之间的协同，硬件技术和软件技术的融合，以及新兴技术和先进策略的统一。

二、码头操作系统现状

在相关技术的发展过程中，自动化和远程辅助操作的机械设备研发进展迅速，并在国内外码头被广泛投入运营，包括自动化岸桥与场桥、AGV、IGV，以及结合自动驾驶、机器视觉、激光雷达等技术的无人集装箱卡车、无人闸口等。然而，为了使码头能够在复杂环境中安全、平稳、高效且 24h 连续不断地高速运转，就需要自动化码头的"大脑"，即码头操作系统（Terminal Operating System，TOS）的软件支持，而 TOS 系统的自主决策能力及决策对效率的影响，直接决定了码头的智慧化程度。简单来说，同样是自动化码头的 TOS 系统，有的可以保证码头运作，有的可以通过算法提升效率，有的可以通过大数据、数字孪生对未来进行模拟与预估，差异十分明显。随着行业对智慧港口、绿色港口、港口经济等的追求，TOS 将需要提升现有决策能力并增加新的功能。

国外的 TOS 供应商包括美国 Navis 公司、美国 Tideworks 技术公司、韩国 Total Soft Bank（TSB）公司、比利时 COSMOS 公司、韩国 CyberLogitec 公司、荷兰 TBA Group 公司等起步早，技术先发优势明显。特别是 Navis 公司，拥有全球港口大量的数据库，在智能化算法和集装箱自动化码头方面优势明显。

我国大力发展自动化码头以来，国内的港口企业致力于开发适合自己企业发展的 TOS 产品，例如，烟台华东电子科技有限公司、上海海勃物流有限公司、宁波港信息通信有限公司等企业先后推出了有关软件产品，烟台华东电子科技有限公司在信息系统集成方面形成了以智慧港口为指导思想的信息化框架，目前服务了 100 多家港口；部分大型港口也大量投入推动 TOS 产品的自主研发，上海海勃物流有限公司研发了码头营运管理系统，招商局港口下属机构招商国际科技有限公司研发了集装箱码头操作管理系统（CTOS 系统），宁波港信息通信有限公司研发了集装箱码头生产操作系统（n-TOS 系统）。由于起步晚、经验少，国产 TOS 在码头管控效率上仍落后于国际主流产品。国产 TOS 目前的主要短板是智能优化算法，并且面临三大主要难题：其一，我国码头吞吐量巨大，对智能算法的效率及鲁棒性要求较高；其二，我国码头业务场景与东南亚及欧洲港口差异较大，需要定制化自主研发；其三，现有智能优化算法以解决局部优化问题为主，码头运营优化的系统性不足，需要提升算法之间的耦合关系。

国外先进的操作系统有技术上的优势，但是其动辄百万美元的实施价格和需要长期支付的运维费用是国内码头必须正视的问题。此外，在适用性上，不同码头各有特点，需要不同的 TOS 策略。最重要的是，TOS 类似于智慧码头背后的软件技术，能够直接决定企业未来发展及经济效益，甚至能够影响国家经济建设，掌握此类技术，才能免于受制于人。

三、研究现状概述

如图 1-3 所示，海事物流的三个主要作业环节为码头作业、航运作业和海陆联运，海运物流研究便围绕此展开。码头作业是指在码头区域内进行的作业，其中集装箱码头主要是通过岸桥、水平运输（主要设备包括内部集装箱卡车、自动导航车等）、场桥及外部疏运集装箱卡车完成出口、进口及中转集装箱的装卸与运输作业；散货码头则主要通过输送机、起重机等设备完成散货的装卸与搬运作业。航运作业是指船只离开码头以后在海上、江上的相关作业。海陆联运则是指货物通过铁路或公路运入或运离码头过程中的相关作业。因此，码头作业衔接海运与陆运，在海事物流中具有十分重要的地位。

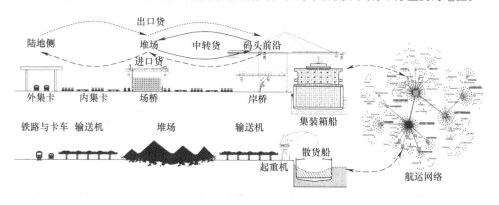

图 1-3 海事物流主要作业环节

除了设备自动化、数据信息化外，使用计算机模型与算法进行辅助或自主决策，是智慧码头与传统码头的一项主要区别。作为计算机辅助决策的支柱，运筹学已经为解决海事物流业的决策问题做出了许多重要贡献。其中，仿真与优化是最为常用的两种运筹学方法。仿真是一种为了反映现实世界系统而开发计算机模型的方法论，在业界广泛用于评估系统性能、检验运营策略，或者对概念系统进行测试。优化是一种在一定的约束条件下，做出决策以使特定目标最大化或最小化的方法论，在学术界常用来解决复杂决策问题。

目前，已有多篇文献研究汇总了如何应用仿真与优化方法解决海事物流业中的决策问题，也有研究围绕三个主要作业环节分别展开探讨。对于码头作业来说，主要决策问题包括泊位分配、配载计划、岸桥分配与调度、水平运输调度、运输优化、集装箱储存与堆垛、闸口作业等；对于航运作业来说，主要决策问题包括港口选择、航线设计、船队规模设计、船队分配与调度、集装箱运输等；对于海陆联运作业来说，主要决策问题集中在库存管理和配送管理方面，包括车队规模配置、作业调度和路径选择等。

在与码头设计规划、运行计划制订及作业调度等相关的评估或决策的研究方面，大多数国内外同行或专注于优化方法，或专注于仿真方法，对综合应用仿真与优化方法进行研究的学者较少。作者于 2021 年 10 月分别用中国知网与 Google 学术搜索对中文与外文文献进行了简单的检索，见表 1-1 与表 1-2。从数据可以明显看出，单独应用仿真或优化方法属于主流。仿真方法可以直观描述研究问题并基于给定的方案和策略进行实验，该方法不仅在学界得到普遍关注，在业界也已经得到了广泛的应用，在码头设计过程中会通过仿真对多种方案进行测试，或在运营过程中对备选方案进行评估。优化方法则可以针对某项决策问题建立模型或算法并求解最优（或较优）方案，随着码头对自身运营效率的关注，码头作业系统的开发商会在某些决策环节嵌入优化算法，为码头运营者提供辅助决策。

表 1-1　基于中国知网的简单检索结果

主题关键词（精确搜索）	结果数量（条）
优化、码头	3452
仿真、码头	1937
仿真优化、码头	156

表 1-2　基于 Google 学术搜索的简单检索结果

主题关键词（精确搜索）	结果数量（条）
optimization, container terminal	12000
simulation, container terminal	13200
simulation optimization, container terminal	928
simulation-based optimization, container terminal	500

然而，在实际应用仿真或优化方法时，始终存在以下三类问题。第一，优化问题是否符合实际需求？码头是大型工业系统，不适合通过现实测试对新算法、新决策等进行验证，因此用仿真方法对优化结果进行检验，或在优化过程中结合仿真检验，是一种解决思路。第二，如何在有限计算资源下优化每种场景的仿真次数？对于仿真模型来说，模型规模越大、建模细节越多，仿真运算所需时间也会越长，因此需要在计算资源（包

括时间和次数两个维度）有限的情况下优化每个模型的仿真策略。第三，如何在仿真过程中嵌入优化决策？考虑到码头运营连续且具有较大的不确定性，很多决策问题的应用范围仅限某个时段或指定区域，因此需要研究一种机制将优化决策嵌入仿真过程，用以模拟动态决策过程。围绕以上三类问题，结合计算机运算能力的快速提升，学界开始探索如何同时使用仿真方法与优化方法解决某一科学问题。

第三节 后续章节概述与本书的主要贡献

本书共包含六个章节。

本章从战略意义、国内外现状（包括基础设施建设、码头操作系统的发展现状）和研究现状三个角度，对智慧码头现状进行了概况与介绍。

第二章详细介绍了仿真与优化研究方法，特别是如何混合使用两种方法进行科学研究并解决海事物流相关问题，并结合对文献的分类与分析，从理论方法与应用两个角度让读者对相关算法与模式有清晰的认识。

第三~五章，分别围绕闸口智能化、堆场智能化及码头智能化三个角度，依托具体问题对仿真与优化方法进行了分析。其中，第三章针对有限空间下的车船协同调度问题，采用了仿真优化算法并将多目标优化算法与离散事件仿真模型相结合；第四章针对受翻箱影响的堆场资源规划问题，采用了仿真提供优化的输入方法将混合整数规划与离散事件仿真产生的大量数据相结合；第五章针对考虑重大事故影响的港口韧性优化问题，采用了仿真优化算法并将最优计算量分配算法与离散事件仿真模型相结合。

第六章围绕当前行业内比较热点的话题，特别是数字孪生概念，从仿真与优化角度进行了探讨。

本书的主要贡献包括以下三点：

从方法论角度来说，本书以海事物流、港口运营为背景，首次提出了五种同时使用仿真与优化的研究方法，并将近百篇文献按照五种模式进行分类。所提出的分类模式不仅适用于海运、码头运营、海铁联运等场景，也适用于更广义的物流领域，在学界中属于前沿。

从研究创新角度来说，本书围绕国内外自动化码头在闸口智能化、堆场智能化、码头智能化方面面临的共性问题，并以新加坡港口为背景，提出了有限空间下的车船协同调度问题、受翻箱影响的堆场资源规划问题、考虑重大事故影响的码头韧性优化问题，并利用先进的仿真与优化方法开展了创新性研究。

从读者受众角度来说，本书以自动化码头仿真优化研究为背景，为高校、研究所、行业内相关师生、研究员、工程师群体提供了较为全面的方法论概述，并结合实际背景详细介绍了三个相关的应用研究，引发共鸣与思考。当前，国家与行业对智慧码头十分重视，需要大量专业人才投入到智慧软件、智能算法、数字孪生的研究，以实现现有产业升级。因此，本书将为相关专业人士拓展知识，以期助力国家经济发展。

仿真与优化研究方法

第一节　概述

　　很多研究与论文的出发点是海事物流业中的实际问题，学术界和业界之间的合作也越来越密切，但学术研究的成果无法保证业界会有实际产出。例如，很多优化问题的研究需要对现实场景提出假设并进行简化，但成果缺少在现实系统与场景中的联调测试，成果难以被业内认可和推广；同时，大部分企业并没有意识到优化对自身的价值，仅有少数大型企业有资本且有意愿提升自身的信息化与智能化水平。优化方法在海事物流界的推广使用任重道远，但相较于优化方法，无论针对未来规划设计或是对现有策略进行改进，仿真方法都能更细致准确地描述海事物流的实际运行情况，因此受到更多企业的青睐。尽管仿真技术能有效被应用在产业中，但在学术界，特别是针对大规模复杂的工业系统问题，仿真仍然存在建模难、运算时间长等问题亟待解决。针对以上情况，学术界开始寻找将仿真与优化方法紧密结合的方式。

　　作者在过去几年的研究中尝试过多种方式，同时将仿真与优化方法应用到同一个研究或项目中，而这种"集成"主要存在两种形式：第一种是弱连接，即仿真为优化提供输入参数或用来评估优化结果，这种形式的集成保留了仿真与优化方法各自的独立性；第二种是强连接，即仿真是优化算法的一部分或优化是仿真模型的一部分，这种形式需要对模型进行严密设计，使一种方法可以无缝地嵌入另一种方法。下文将这些方法简称为"仿真优化集成方法"或"集成方法"。

　　现有文献存在三个问题：首先，虽然已有文献在标题与关键词中包含了"仿真优化""基于仿真的优化"等类似的定义，学界仍缺少对仿真优化集成方法的概括和深入、系统的综述；其次，在海事物流业，运筹学广泛应用于与集装箱运输有关的作业中，但对散货运输的研究目前还处于起步阶段；最后，如何通过集成方法更好地辅助海事物流业进行决策仍是一个开放问题。

针对现有问题，本章将介绍"仿真优化集成方法"的定义，围绕方法与应用两个维度对近十年的文献进行分类与概括，并通过分析总结出集成方法的适用范围，便于读者快速理解如何在现实问题中应用仿真与优化方法解决相应的问题，并且提供足够的文献供后续学者深入研究。

第二节　集成方法基本分类

仿真优化集成方法包括五种模式：优化提供仿真的输入、仿真提供优化的输入、仿真优化迭代、仿真优化算法、动态优化下的仿真。其中，前两种属于弱连接，即仿真与优化不存在复杂的迭代、依托、驱动关系，而后三种属于强连接。图 2-1 简单介绍了仿真优化集成方法的五种模式的异同。

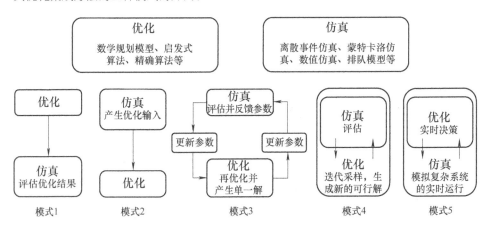

图 2-1　仿真优化集成方法的五种模式

这五种模式可以概括如下：

1）模式 1，优化提供仿真的输入：仿真模型用于评估优化问题的输出，在某些情况下，仿真输出作为优化输出的对比算例。

2）模式 2，仿真提供优化的输入：仿真数据为优化问题提供输入，包括产生约束条件、初始化参数或生成初始解。

3）模式 3，仿真优化迭代：以循环的方式执行优化与仿真模型，每次迭代产生一个解并对其进行检验，并不断更新彼此的参数，直到满足某个终止条件，如最大迭代次数。

4）模式 4，仿真优化算法：由优化算法驱动整个计算过程，而仿真是运算过程的一部分，具体包括两个常见方法：其一，基于启发式的优化算法在迭代过程中不断产生新的可行解集，由仿真代替算法中原有评价函数并对产生的可行解进行检验，并迭代搜索最优解；其二，由优化算法在迭代过程中计算并分配仿真运算资源，并迭代搜索最优运算资源分配策略。该模式以运算满足特定指标作为终止条件。

5）模式 5，动态优化下的仿真：由仿真驱动整个运算过程，并在仿真运行中动态调用优化算法进行决策。在该模式下，仿真的主要用途是模拟复杂系统的实时运行，并在某些时间点或事件发生的情况下，触发优化算法以做出决策。优化方法的求解效率对实时决策至关重要。

优化方法在海事物流领域应用较广，数学模型和智能算法已经能够描述复杂系统，捕获港口、航运与海陆联运管理中的不确定性，并为决策者提供最优解决方案。然而，由于仿真与优化方法在这两种模式中并没有积极相互作用，业界也通常质疑模型的准确性和解决方案的实用性。因此，模式 1 和模式 2 应运而生，并分别为优化方法提供输入或评估优化方法输出。

由于模式 1 与模式 2 只有单次单向交互，实验伴随仿真检验或优化求解结束而结束。虽然可以针对不同场景、不同参数再次实验，但是每次实验都是独立的运算且依赖手工调整，无法构成一个循环、迭代的运算框架。为了解决这个问题，学界开始尝试模式 3、模式 4 与模式 5 等更为复杂的运算结构，使得仿真与优化方法相互影响。

第三节　集成方法分析

为了便于理解仿真优化集成方法，本章对近百篇文献进行详细分析。首先从方法论角度进行第一级分类，即分为优化提供仿真的输入、仿真提供优化的输入、仿真优化迭代、仿真优化算法、动态优化下的仿真五类。在每种分类下，进一步根据应用场景对文献细分，即根据海事物流中三个主要作业流程海陆联运、码头作业和航运作业进行分类。具体而言，在海陆联运中，集卡、铁路和驳船是三大主体；码头作业可细化为闸口、堆场、水平运输和码头前沿（包括岸桥作业和泊位）等多个主体；航运作业主要侧重于两项主要活动，即班轮运输管理和空箱管理。表 2-1 介绍了基于应用场景的分类标准。

表 2-1　基于应用场景的分类标准

作业流程	主要参与者	主要活动
海陆联运	集卡、铁路与驳船公司	基于卡车与铁路的海铁、海公联运，基于驳船的江海联运
码头作业	港口与码头运营公司	闸口作业，堆场作业，水平运输作业，码头前沿作业，码头层面宏观决策
航运作业	航运公司	班轮航线设计、班轮排班、空箱调拨

根据上述分类标准，本章将文献检索的关键词分为四个层次，见表 2-2。表中有关关键词较为全面地覆盖了海事物流的相关文献，且基于层级内与层级间关键词的排列组合，能够覆盖大部分研究课题，为后续研究提供了一定的指导作用。

表 2-2　四个层次的文献检索关键词

层次	逻辑	关键词
1	—	（maritime 或 intermodal 或 waterway 或 offshore）和（logistics 或 traffic system）
2	和	（container 或 general cargo 或 bulk cargo 或 break bulk cargo 或 multipurpose 或 sea）和（port 或 terminal）
3	和	（terminal 或 gate 或 yard 或 yard crane 或 berth 或 wharf 或 quay 或 quay crane 或 hinterland 或 shipping）和/或（operation 或 planning 或 scheduling 或 allocation 或 assignment）
4	和	（simulation 或 optimization）

根据现有文献，集成方法的五种模式在海陆联运、港口和航运三个场景的具体应用情况如下。

一、优化提供仿真的输入

优化提供仿真的输入，即仿真为优化结果提供更为贴近真实的检验环境。仿真可以用不同的方式来评估优化模型的输出，包括评估从优化模型所得解的可行性，在随机环境下验证决策的可行性和对比不同的策略。

（一）海陆联运

Bhattacharya 等人与 Lv 等人分别针对多式联运模式下的网络规划问题展开研究，前者结合对交通拥堵状况预测及对多种成本考虑，建立了混合整数规划模型用于优化陆地港口的运输载具调度决策，同时通过 Simlink 对结果进行了数值模拟；后者关注物流中转过程中的货物合并问题，提出了一个混合整数规划模型并用遗传算法求解，并通过数值模拟的方式分析了模型的参数和算法的有效性。

（二）港口

闸口操作的相关研究集中在集卡抵达方式、闸口设计与管理方式对闸口作业效率及码头作业效率的影响。其中，Huynh 和 Walton 研究了集卡抵达方式会如何影响集卡的周转时间和起重机的效率，并通过自适应搜索启发式算法求解允许进入码头的最优集卡数量，建立仿真模型检验集卡的平均周转时间；Chen 等人采用排队模型与数学规划模型研究了随时间变化的集卡在闸口和堆场的排队过程，并通过基于 MATLAB 软件开发的仿真模型对优化决策进行了验证。

与堆场作业有关的研究包括水平运输载具的调度问题和堆场场桥的调度问题。其中，为了减少场桥的作业延误和码头整体作业延误，Kim、Bae 和 Zehendner 等人分别建立了数学规划模型与相应的求解算法，并在仿真环境下对优化结果进行验证，与现有调度策略做对比和检验。为了避免场桥在作业过程中出现碰撞，提升多个场桥协同调度的效率，Wu 等人在考虑场桥不相互跨越及最小安全距离约束的前提下，提出了一种聚类再分配方法，并用基于 C++语言开发的仿真模型对求解结果进行了验证；Gharehgozli 等人则针对双场桥调度问题提出了多种启发式算法用以优化场桥作业顺序，并用仿真检验了优化算法在两种作业场景（堆场包含或不包含集装箱中转贝位）的执行效果。

影响码头前沿作业效率的决策包括泊位与岸桥的分配和调度计划。为了使岸侧作业效率最大化（如船只周转时间、服务时间最小化），Hu 等人和 Golias 等人分别就泊位与岸桥分配问题和泊位调度问题展开了研究。Hu 等人的研究考虑了船舶航速对分配的影响，提出了非线性多目标混合整数规划模型，通过线性化的方式对该模型进行转换与求解，并由 MATLAB 软件建立的仿真模型对求解结果进行验证；在考虑船舶抵达与作业时间不确定的条件下，Golias 等人提出了泊位调度问题，采用遗传算求解并建立了仿真来评估算法的有效性，但并没有提及具体的仿真方式。

此外，以散货码头的设施设计和作业调度优化为研究目标，Dahal 等人先后围绕如何通过优化运行策略与设备数量来降低码头总的运行成本，以及如何通过提高设备的利用率来降低船舶的滞期费，提出了遗传算法求最优解，并自行开发了仿真模型对相关性能指标进行了检验。

（三）航运

在航运领域中，Aydin 等人与 Irannezhad 等人分别围绕班轮运输中的船舶航速问题，以及航运联盟对运输成本和污染物排放的影响展开研究。前者以总油耗最小为目标建立了动态规划模型，通过离散化船舶到港时间得到近似最优解，并通过仿真对航速策略进行了检验；后者以总运输成本最小为优化目标建立了考虑时间窗的路径规划模型，并采用 Python 语言开发了数值仿真模型，用以在不同场景下验证优化结果。

二、仿真提供优化的输入

对于海事物流作业过程中许多涉及长期规划或具有重大不确定性的现实问题，优化模型的输入数据难以被采集或估计，也很难通过准确的数学公式建模。因此，离散事件仿真、蒙特卡洛仿真等仿真方法经常被用于分析复杂系统（例如新的港口码头系统、布局、资源配置等）特定的性能指标，并生成优化问题所需的输入数据。抽样平均近似方法的本质是对原有模型中具有不确定性的参数进行抽样，用抽样值代替原有参数，进而将不确定性问题转化为确定性问题进行求解。由于单次仿真运算过程也是对不确定参数进行不断抽样直到仿真结束，抽样平均近似方法的过程可以近似认为是一种仿真的过程，同样归入本模式。

（一）海陆联运

为了优化运输资源的分配决策，Wang 等人在考虑承运人有限资源的背景下，以最大化总收益为目标提出马尔科夫决策过程模型和两个近似模型，采用抽样平均近似方法求解近似模型，并得到了针对托运人的最优资源配置策略。围绕海铁联运场景，两组学者先后提出了服务网络设计问题，以及海铁联运交互区的作业调度问题。对于考虑随机因素的服务网络设计问题，对应的研究以预期总成本最小为目标提出了一种两阶段机会约束规划模型，并采用抽样平均近似方法求解该问题。对于作业调度问题，研究目标是如何最小化集装箱总处理时间。该研究提出了数学规划模型并用遗传算法进行求解，在计算种群适应度函数前，将船只抵达的信息与算法、调度信息（即染色体编码）输入仿真模型生成集装箱列车的调度计划，再用该信息计算种群适应度。值得注意的是，该研究并非直接用使用仿真代替适应度函数，而是通过仿真产生额外的信息再代入原有的适应度函数，这一点与仿真优化算法有显著区别，也是一种不错的研究思路。

（二）港口

围绕堆场作业场景，仿真模型可以模拟码头整体或局部设备的实际运作并产生对应的数据，再将数据转化为优化模型的约束条件，如通过模拟场桥实际作业，采用插值方法将仿真数据转化为约束条件，可将场桥实际作业带来的影响体现在堆场空间分配问题中。生成求解优化算法的必要信息也是仿真的一种重要用途，例如，Kang 等人在研究码头起重机和集卡数量优化问题时，通过仿真模拟码头作业，产生概率转移函数，并应用到马尔科夫决策的求解过程中。同样，这两项研究并非用仿真直接替代优化算法迭代过程中的某一个部分，而是提供相关信息，与仿真优化算法有一定区别。

对于码头沿岸作业，Golias 针对泊位分配问题建立了双目标混合整数规划模型，以泊位吞吐量和调度可靠性最大化为目标，提出用一种结合精确算法与遗传算法的混合启发式算法来求解该模型，相关输入参数如船舶作业时间与预计总服务时间都通过蒙特卡洛仿真生成。

（三）航运

在现有文献中，许多有关班轮调度、班轮运行、空箱调度相关的研究通过数值仿真的方式为优化模型产生随机场景。例如，基于数值仿真方法，Qi 和 Song 研究了考虑港口服务时间具有不确定性的假设下的班轮调度问题，并以船舶油耗和船舶延误最小化为优化目标。在此基础上，Song 等人进一步研究了作业层面的多目标班轮调度问题，以期寻找包含船只数量、航速和作业计划的帕累托最优解集。在该优化问题中，相关港口参数如成本、服务可靠性与 CO_2 排放量为 100 次仿真结果的平均值。在空箱调度问题上，基于抽样平均近似方法，Long 等人通过数值仿真的方式模拟包含空箱需求与供给、船只负载与空间容量等信息的随机场景，并求解规划模型。

三、仿真优化迭代

在使用仿真模型生成输入参数、初始解，或使用仿真模型评估优化问题的结果时，存在以下问题：能否将优化结果反馈给仿真模型用于调整仿真参数，同时仿真结果可否影响优化参数并改善优化质量？针对这个问题，部分研究提出了仿真优化迭代方法，即在仿真与优化模型之间建立一种策略，可以使两种方法迭代地运行。有的研究将这种方法称为混合式仿真优化（hybrid simulation and optimization）或交互式仿真优化（interactive simulation-optimization）。

图 2-2 简单描述了仿真优化迭代模式的算法流程。在该模式下，优化的输出（如规划或调度决策）将作为仿真模型的输入数据，使仿真在给定的场景下运行，之后仿真模型的输出（如模型主要的性能指标）会更新优化模型中的系数或约束，两个模型将会根据上面的结构不断迭代运算，直到满足终止条件。终止条件可以有多种不同选择，如完成指定次数的迭代、迭代中连续多次目标值不改变、连续多次目标值小于特定阈值等。在此模式下，离散事件仿真被广泛用于描述复杂系统，而数学规划模型通常用于描述优化问题。

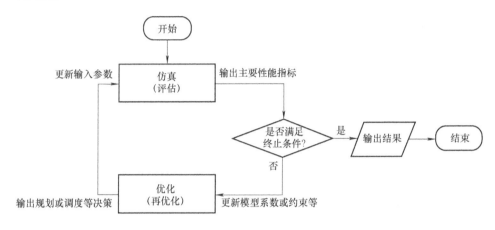

图 2-2　仿真优化迭代模式的算法流程

（一）海陆联运

海陆联运中，学者对内河驳船运输、城市地面运输、公铁联运等多式联运网络的运营优化的关注较多。Bush 等人提出了驳船线路优化问题，目标是使驳船运输成本最小化，该研究采用线性规划模型作为优化方法，以确定在一定规划时间范围内特定路径上的驳船分配，同时应用 Arena 软件开发仿真模型，确保优化模型确定的驳船线路在实际操作中是可行的。Hrušovský 等人以多式联运网络运营决策为研究对象，建立了确定性网络优化模型，用来求解不考虑随机性的最优运输计划，并应用 Anylogic 软件开发了仿真模型，用于描述复杂的多式联运运输网络与相关作业流程。在该研究中，仿真模型用来评估运输计划的可靠性，并将不可靠的计划返回给优化方法进行进一步的微调。Zhao 等人研究了动态复杂城市环境中的多式联运路径优化问题，该问题通过对交通网络状态的预测使特定目标成本最小。在该研究中，仿真模型描述了受路径决策、客运量和网络变化（如事故、道路关闭等）影响的多式联运网络，而优化算法则用来寻找新的备选路径以降低总成本。仿真输出（包括交通状态预测和成本估计）反馈回优化环节，以便得出更优的路径决策，而这些决策将作为仿真模型下一次迭代的输入数据。Benantar 等人研究了内陆的铁路集卡码头的多式联运运输问题，提出了一个用于制订集卡抵达与离开计划的优化模型，并建立了一个仿真模型，用于模拟火车与集卡的车流。该研究通过仿真产生更多有关集装箱可用时间以及卡车调度计划的精确数据并反馈给优化模型。

（二）港口

相对于其他几种模式，仿真优化迭代在港口研究中的应用较少，主要集中在港口闸口作业和泊位作业。Kulkarni 等人以缩短通用码头闸口的总作业时间为目标，分别建立了仿真与优化模型，基于排队系统的仿真模型用来评估闸口处理车辆的总体性能；优化模型用来确定各车道的作业调度，使车道总作业时间最小化。该研究基于初始的车道调度方案，首先运行仿真模型以获取车辆平均停留时间，之后将该数值作为参数，求解优化模型并得到新的车道调度方案，并再次运行仿真模型，不断循环。Azab 等人研究了集装箱码头集卡预约系统并通过车辆调度优化避免闸口拥堵，利用 FlexTerm 软件开发了一个离散事件仿真模型，用于评估当一辆新的集卡到达进入预约系统时的码头性能和集卡周转时间，并将仿真模型的输出指标作为调度优化问题的输入，以获到最优的集卡调度决策。集卡确认到达闸口后，将更新仿真环境，然后等待下一批集卡到达信息。

对于泊位作业来说，Legato 等人以最小化靠泊延误与非最优分配产生的成本为目标，研究了泊位分配问题。该研究先进行优化运算，即采用集束搜索算法生成不同的泊位分配模板，使用仿真模型在具体操作时对生成的模板进行评估和微调，再通过集束搜索算法对泊位分配模板进行更新。

四、仿真优化算法

从某种角度来说，模式 3（仿真优化迭代）类似于通过手工运行的方式让两个独立模型分别计算出一个结果，并基于运算结果调整另一个模型的参数，但由于缺少收敛性、最优性等理论的支持，模式 3 的价值不是很明显。基于此，运筹领域的专家与学者提出了仿真优化这一概念，由于许多研究问题具有较大的复杂性，难以对其采用数学语言进行精确描述，因此用仿真模型代替优化方法中的部分运算。仿真优化的详细定义与仿真优化算法的最新理论与应用研究可以参考书末文献。

图 2-3 简单描述了仿真优化算法的算法流程。在每次迭代过程中，算法首先通过优化产生一组解，再对每个解进行一定次数的仿真检验以获取统计值，无论是基于这一组解中的最优解还是基于这组解获得统计结果，算法都将产生多个新的待检验解，通过不断迭代，算法将会在满足特定条件后终止运算。许多海事物流研究都采用了这种方法，有关关键词包括"simulation-based optimization""optimization via simulation""simulation optimization"等。

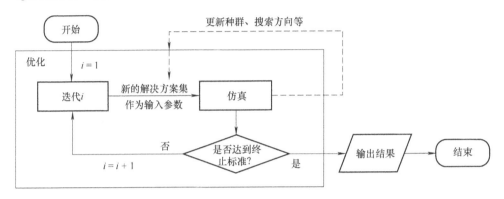

图 2-3　仿真优化算法的算法流程

值得强调的是，仿真优化算法模式的基本逻辑是将优化算法作为迭代的主要驱动，即通过优化算法驱动整个流程来探索解空间中的可选配置，并保证收敛性与最优性，仿真模型则是优化算法的一部分，用于评估待检验解在特定配置下的性能。而模式 3 中两个模型相对独立，这也是模式 3 和模式 4 的主要区别。

（一）海陆联运

He 等人、Fanti 等人、Layeb 等人分别对集装箱港口多个码头（港区）的内部集卡调度问题、海陆混合港口的资源分配问题，以及公铁海联运服务网络设计问题开展了研究。其中，He 等人的研究在遗传算法的框架下整合了由滚动时间窗驱动的仿真模型，并由仿真模型输出适应度值。Fanti 等人采用粒子群算法对问题进行求解，并由基于 Arena 软件开发的仿真模型计算粒子的适应度。为了加快粒子群算法的迭代效率，该研究在求解过程中加入了最优计算量分配算法，用于优化迭代过程中的仿真运行次数。Layeb 等人的研究采用 Arena 软件内嵌的优化工具 OptQuest，在优化相关决策与参数的同时，驱动仿真模型输出性能指标。OptQuest 使用的搜索算法是一种黑箱算法，是禁忌搜索、神经网络和分散搜索等多种元启发式算法的结合。

（二）港口

相较于集成方法的其他四种模式，仿真优化算法在港口研究中应用广泛。从闸口、堆场到码头前沿，从码头局部决策到整体决策，都有较多案例值得借鉴研究。概括地说，与闸口相关的研究问题包括闸口设计与集卡调度，与堆场相关的研究问题包括场桥调度、车辆调度、堆存空间分配与贝位堆垛，与码头前沿相关的研究问题包括泊位分配、岸桥调度以及泊位岸桥综合分配与调度，与码头整体相关的研究问题包括码头资源规划与多设备协同调度。

对于集装箱码头的闸口作业，Yue 等人从闸口设计角度开展研究，以期在保证运营效率的同时，将建造成本降到最低，采用遗传算法优化闸口设计参数，并在迭代过程中用仿真检验染色体的适应度，即闸口运行效率。Do 等人采用遗传算法优化每辆集卡的抵达时间窗，并以进口箱堆场的车辆和场桥设备排放总量最小为优化目标，在算法迭代过程中用仿真模拟闸口与堆场作业，并代替适应度函数。Wang 等人则在具有可逆车道的场景下，通过模拟退火算法优化闸口车道数量与调度决策，在模拟退火算法迭代过程中用基于 Arena 软件的仿真模型代替评估函数。为了减少杂散货码头在闸口处的拥堵，提升驳船与卡车周转效率，Zhou 等人提出了卡车驳船协同调度策略，并使用多目标优化算法与码头仿真相互配合，优化调度策略的参数。

对于堆场作业，He 等人在研究场桥调度问题时将降低能耗作为一项指标，该研究所用的仿真优化框架，采用遗传算法进行全局搜索，粒子群算法进行局部搜索，并在算法迭代过程中用仿真评估堆场的作业延迟与能耗。Cordeau 等人围绕集装箱中转码头的堆场整理移箱场景提出了最优车辆调度问题，采用模拟退火和禁忌搜索两种元启发式算法优化调度决策，并通过仿真模型对算法迭代过程的可行解进行评估。Li 等人针对公铁中转码头的集装箱堆存空间分配问题，以堆存重叠量和场桥移动距离最小为目标，采用遗传算法进行求解并用仿真模型代替适应度函数。Zhang 等人研究了堆场贝位堆垛问题，以场桥作业总惩罚值最小为目标，用近似动态规划算法求解，并在迭代过程中通过数值仿真的方式产生集装箱堆垛顺序，进而计算代价函数。

与码头前沿相关的研究问题主要集中在泊位分配与岸桥调度两个方向。对于泊位分配问题，Legato 等人采用模拟退火算法优化泊位分配决策，并使用基于事件的蒙特卡洛仿真来描述码头装卸作业中的随机性。为了减少每次迭代时仿真运行的次数，该研究引入了排名和选择算法，用于加快蒙特卡洛仿真的运算效率。在考虑不同船舶优先级的背景下，Ursavas 采用 OptQuest 优化工具箱并结合 Arena 仿真模型求解最优泊位分配决策。Yildurim 等人则是将基于群体的人工蜂群优化算法与 Arena 仿真模型相结合，在考虑航运流量、船只尺寸和集装箱装载量等因素的情况下，优化了泊位分配决策。对于岸桥调度问题，Legate 等人在同时考虑集装箱装载与卸载作业的背景下，采用模拟退火算法搜索最优岸桥调度计划，并在算法迭代过程中引入了离散事件仿真模型。而 Zeng 等人则是在岸桥双循环作业的背景下，采用遗传算法不断优化岸桥作业序列，并在迭代过程中用仿真模型评估种群中染色体的总操作时间。Al-Dhaheri 等人以船舶作业时间最小为优化目标，采用遗传算法优化岸桥调度决策，并用蒙特卡洛仿真方法代替适应度函数。

在泊位岸桥分配与调度研究中，Chang 等人采用基于启发式规则的并行遗传算法来优化泊位与岸桥分配决策，并在迭代过程中采用基于 eM-Plant 软件的仿真模型执行基因修复操作，并评估染色体的适应度。He 从节省时间和节约能源平衡角度，采用遗传法与模拟退火算法优化泊位与岸桥分配决策的方法，优化目标是使所有船只的总离港延迟和岸桥的总能耗最小，并在优化迭代中用仿真模型计算适应度函数。Lu 和 Xi 在研究中考虑了船只到达时间和集装箱装卸时间不确定性的因素，应用遗传算法获得了鲁棒的泊位和岸桥调度计划，并在优化过程中采用蒙特卡洛仿真模型评估了每个染色体的效果。

对于以码头整体为视角的规划和调度问题，Li 等人提出了大型集装箱码头的资源与容量规划问题，目标是确定最优车辆、场桥和岸桥的数量，使泊位利用率和泊位到达率最大化。该研究采用了多目标优化算法、最优计算量分配算法，并建立了模拟码头整体作业的离散事件仿真模型用于评估优化迭代过程中产生的解。Zeng 和 Yang 针对集装箱装载作业研究了集卡、岸桥和场桥的协同调度问题，与上文类似，将遗传算法与基于 Arena 的离散事件仿真模型进行整合，并用仿真模式代替了遗传算法的适应度函数。基于相同的结构，Li 和 Wang 采用遗传算法优化堆场空间分配与集卡配置，并建立了离散事件仿真模型全面模拟船只、锚地、泊位、岸桥、场桥、内部集卡、外部集卡和闸口之间的交互。

（三）航运

Dong 和 Song、Xing 等人分别以普通集装箱和罐式集装箱为背景，针对空箱调度问题做了较多研究。Dong 和 Song 首先采用遗传算法解决船队规模和空箱调度问题，并在遗传算法迭代过程中使用离散事件仿真模型评估系统运行总成本，即适应度值。其中，用仿真模型着重模拟了船只抵达和离港等事件。之后，在船队规模问题的基础上，增加了内陆运输时间及其不确定性对船队规模的影响，采用遗传算法、黄金分割算法和模拟退火算法三种启发式算法求最优解，同时采用相同的仿真模型参与优化迭代过程。Xing等人采用自适应遗传算法求解空箱调度问题，并用仿真模型代替适应度函数。

五、动态优化下的仿真

优化方法广泛用于辅助海事物流业的运营、作业层面的实时决策，以提升系统作业效率。例如，港口运营商将优化算法应用于堆场翻箱、设备协同调度、车辆调度和路径选择等。然而，在实际运营中部署使用时，需要确认所提出的算法是否适用于当前的作业环境、作业流程等，以及该算法的运算效率是否满足实时决策需求。对行业来说，在未经过实际甚至虚拟环境下测试而直接落地使用相关算法，可能会带来较大的运营风险。

随着计算机技术的快速发展，高性能 CPU、GPU 与大内存的台式机与工作站的普及，仿真建模的执行效率成倍提升，也让业界越来越青睐通过仿真建模来精细描述复杂的工业场景。因此，动态优化下的仿真正在得到越来越多的关注与应用。图 2-4 是动态优化下的仿真的流程，显示了仿真与优化如何在模式 5 中进行交互。具体来说，当仿真模型运行时，调用特定的触发器使优化模型做出决策。触发器可以是一个事件、一个时间点或任何其他形式的触发。将优化决策返回仿真的虚线箭头表明，一旦优化完成，其输出（如短期决策）将被反馈回仿真模型以更新相关参数，然后仿真模型继续运行。该模式的主要特点是通过仿真模型将具有高度复杂性和不确定性的真实世界数字化，同时将优化算法嵌入仿真模型中模拟真实世界下的动态决策。仿真模型通常会模拟系统较长时间的

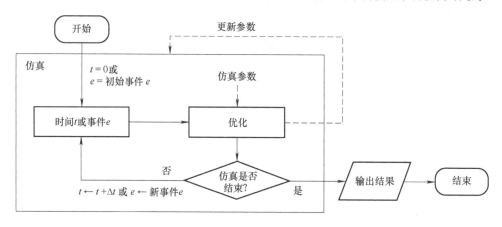

图 2-4　动态优化下的仿真的流程

运行，如一周、一月、一年等，并在运行过程中触发优化算法做出短期决策，并反馈给仿真模型继续调整有关参数，如"online decision""real-time decision""dynamic simulation"等关键词经常出现在相关文献中。

与模式 3 和模式 4 不同，模式 5 不需要通过仿真模型对备选方案进行迭代评估，而是长期连续运行一个仿真模型，并定期或在某些事件发生时触发优化运算。从系统运行的角度来看，优化扮演着中央控制器的角色，为仿真模型的持续运行做出决策。

（一）海陆联运

对于海陆多式联运，通常从公铁海联运码头内部运营和联运网络运营两个角度开展研究。其中，Nabais 等人关注码头内部的集装箱货物管理问题，将其描述为一个流分配问题，并基于 MATLAB 软件建立了一个仿真模型，模拟码头内部多种运输方式之间的货物流动，同时在每个时段内求解优化问题。对于网络层面的问题，Li 等人从集装箱流量控制角度研究了多个海港和陆港之间的运输规划问题，并在仿真运行的每个时段计算最优解，而 Di Febbraro 等人研究的则是中短期运输规划问题。该研究在滚动时域的基础上开发了一个离散事件仿真模型，以模拟多式联运网络的动态作业，当特定事件发生时会触发子问题的优化运算，例如铁路与集卡综合排序优化和运输路径优化。

另外，为了研究港口服务中断的影响及恢复策略，Weaver 和 Marla 基于排队模型开发了能描述运输网络随机性和服务中断的离散事件仿真模型，并在每次事件开始时求解优化模型，寻找最优货运路线，使总延误成本最小。

（二）港口

对于码头闸口作业，Zehendner 和 Feillet、Kulkarni 等人分别以集装箱码头、多用途码头为研究背景，前者基于 Arena 软件开发了一个仿真模型用来呈现具有集卡预约系统的码头的运作过程，并在每个时间段将优化算法求得的跨运车的分配决策（分配给卡车、集卡、火车、驳船和班轮）代入仿真模型进行新的运算。后者利用 Java 语言开发了一个基于排队的离散事件仿真模型来模拟闸口车道调度，并使仿真模型动态地触发优化模型来求解车道调度，同时将优化结果反馈回仿真环境继续执行仿真。

与堆场作业相关的研究可以分为两类：一类是有关集装箱堆存区的翻箱与堆垛作业优化问题；另一类是有关堆场与水平运输设备的作业优化问题。具体来说，对于第一类问题，Tang 等人建立了离散事件仿真模型，用于模拟执行由启发式算法生成的翻箱与堆垛决策。围绕类似问题，Güiven 和 Türsel Eliivi 建立了在线堆垛决策离散事件仿真模型，当每个集装箱到达时触发优化算法，通过优化堆垛决策使集装箱翻倒次数最小。对于第二类问题，Angeloudis 和 Bell 采用自研的基于滚动时间窗的仿真与优化框架，Limen 对比了有关算法对自动引导车作业分配决策的影响。Kavakeb 等人在离散事件仿真模型中模拟了新型智能车辆的运输过程，通过特定事件触发车辆动态调度策略的运算。Speer 和 Fischer 为了解决实时场桥调度问题开发了一种分支定界算法，用于不断地重新规划作业计划，并将该算法嵌入基于 Plant 软件建立的实时仿真环境中。

为了验证模型最优解或启发式算法在动态环境下对泊位分配的影响，相关研究采用 AweSim 软件或 Arena 软件建立仿真模型，用于模拟泊位作业。算法在仿真过程中的触发与仿真事件绑定，如每当有新的船只抵达时，优化模型将会重新计算泊位分配决策。其中，Guan 和 Yang 在泊位分配过程中加入了码头查验作业带来的影响，而 Bruzzone 和 Signorile 则考虑了泊位分配与堆场空间分配相互之间的影响。此外，在船舶靠岸之前，船只到达时间与码头服务过程中的随机因素通常会导致显著的装卸延误及资源利用率低下等问题。Lang 和 Veenstra 分析了集装箱船到达计划，采用基于 Java 语言的仿真模型对船只的到达模式和航行行为进行模拟。其中，船只的航速和泊位分配决策由一个特定的规划模型确定，并在每个时段重新计算。Alvarez 等人基于 C++语言开发了离散事件仿真模型，用于模拟船只靠泊与离岸作业，并在仿真中动态的优化泊位分配和航速决策。

除了针对不同码头区域的研究外，部分研究的关注点集中在某项或某些决策对码头整体运营的影响。例如，Gambardella 等人为了研究以铁海联运码头为背景的码头资源配置和调度问题，采用 Modsim Ⅲ 软件开发了模拟码头内多种设备交互的离散事件仿真模型。Sacone 和 Siri 开发了基于 Arena 软件的仿真模型，用于模拟海铁联运码头从岸桥到铁路的作业流程，而仿真模型在运行时会在特定事件发生触发优化运算。为了研究码头内部交通流对码头吞吐量的影响，Zhou 等人基于 Arena 软件建立了涵盖从岸桥作业到闸口作业的全流程仿真模型，同时模拟了货物查验区的作业。其中，集卡路径优化算法会从仿真中不断获取动态的网络流量信息，供车辆寻找最短路径，同时平衡车流。

（三）航运

关于航运方面的研究，有关学者分别对不定期航运线路规划和调度、液化天然气海运线路规划和调度，以及空箱调度等背景与问题展开研究。其中，Fagerholt 等人针对不定期航运线路规划与航运调度全流程建立了仿真模型，由优化算法提供短期路径规划与调度决策，并按照滚动时间窗的方式在仿真模型中不断触发优化运算。Halvorsen-Weare 等人基于 C++语言开发了仿真模型，用于模拟液化天然气船在港停泊作业，并考虑了多种可能造成延误的不确定因素，当货期延误满足一定条件时，优化算法会重新求解海运线路。对于空箱调度问题，Dong 和 Song 在两项研究中提出了新的空箱流量平衡策略，并在他们原来的离散事件仿真模型中检验新策略在动态决策过程中的效果。Xing 等针对罐式集装箱空箱调度建立了仿真模型，用于模拟空箱随时间在网络中的变化情况，并在离散时间点上对库存控制策略进行优化运算。

六、五种模式的适用性分析

综上，较为常见的是采用了模式 1 和模式 2 的海事物流，这两种模式被广泛应用在不同的研究问题与背景下，而业界也会基于这两种模式对其码头建设计划进行检验，或对即将部署的算法进行测试。通常，相关研究采用仿真模型评估从优化模型获得的结果或生成优化模型的输入，但为了得到具有统计意义的仿真实验结果，也会针对仿真实验应用方差减少技术。不过，在以上模式中，仿真与优化方法之间只有单次单向交互，无法进一步改进优化结果。

模式 3 的主要目的是获得优化问题的可行解并对其进行仿真验证，通过仿真输入而非采用任意参数，优化模型可以输出更实际的结果；同时，随着迭代过程进行，每一轮迭代都能够从优化模型中产生可行解，并得到仿真的验证。但该模式也有局限性，仿真与优化是相对独立的两个模型，尤其是仿真，它是一个黑箱模型，缺少相关理论支持来保证其最优性与收敛性。此外，由于每次迭代过程只能评估一个场景，实验结果的质量可能取决于迭代次数和初始解，为了保证实验可以通过大量迭代得到满意的结果，一方面需要高效地计算与求解两个模型，另一方面可以考虑对两个模型进行一些简化，如应用线性规划模型等。因此，现有文献对该模式的研究并不多。

模式 4 的主要目的是围绕具体研究问题找到最优解。因此，优化算法，特别是启发式算法，是整个流程的核心。在这种模式下，优化算法可以针对规划层面、调度层面、运作层面等不同层面的问题，而相对应的仿真模型也需要能够检验优化算法产生的解的质量与性能。例如，如果优化算法关注于未来 1h 内船只泊位分配方案，那么仿真也需要模拟在未来 1h 内泊位安排情况，而非 1 个月内或 10min 内的情况。当然，仿真优化算法的一个主要挑战是从一个很大的搜索空间中识别出最优的解决方案，同时还需要运行大量的仿真运算才能完成一次，因此在求解过程中需要平衡最优性与效率。一种可行的提升运算效率的方法是在仿真优化算法结构中，针对不同搜索阶段采用不同精度的仿真模型，以减少仿真和优化的运行时间。

模式 5 的主要目的是在一个接近现实的环境（即仿真）中评估动态决策（即优化）过程。为了保证仿真的顺利进行，该模式需要对仿真模型的具体逻辑进行完善设计，如优化算法的触发机制、优化运算到实施的过渡机制等。在这种模式下，仿真模型关注于对系统长期情景的模拟，优化模型通常着眼于短期（甚至几十秒）决策，可以周期性地在离散时间点上或根据特定事件触发执行，同时优化能够根据需要改变仿真运行轨迹。不过，该模式的主要挑战是优化算法的计算效率问题。由于仿真模型是将真实世界数字化，优化决策不能干扰仿真运行（如长时间暂停仿真以等待优化运算）。因此，优化算法必须有很高的运算效率，而可行方案则包括启发式算法、简化数学模式，或者缩小优化决策范围（即选择小规模问题求解）。

第四节 现有文献的统计数据

为了使读者对研究现状有更直观的了解，本节从文献发表年份、应用场景、方法模式、期刊分布、期刊领域分布五个角度进行了数据统计。

图 2-5 为按发表年份分类的论文统计数据。1998 年，Bruzzone 和 Signorile 开展了一项开创性的研究工作，重点是改进集装箱码头的船舶规划和堆场分配。从那时起，研究人员开始应用仿真与优化相结合的方法来解决海事物流中的各类问题。由于早期计算机技术尚处于发展阶段，针对大规模现实问题应用仿真与优化建模还十分罕见，因此我们将 1998—2008 年的数据合并统计，而截至 2019 年，发表论文最多的一年是2015 年。

按应用场景和方法模式分类的论文统计数据如图 2-6 和图 2-7 所示。可以看出，众多论文广泛地分散在不同分类之中，证明本章采用的分类方法与文献检索方法的有效性。具体来说，模式 4 和模式 5 有大量相关论文，涵盖了业内许多应用问题与研究。与其他模式相比，模式 3 的相关论文较少，这可能是由于该模式缺少理论支持，即很难通过严谨的数学方法证明其最优性、收敛性等。不过，模式 3 可以认为是建立在模式 1 和模式 2

基础上的重要尝试，即如何通过循环的方式将优化与仿真进行连接。同时，虽然各个应用场景都有大量可参考的文献，但闸口与码头整体受到的关注程度略低，这是由于闸口作业属于码头作业的一个较为有限的场景，且码头整体研究不容易明确问题且难以实现成果落地。

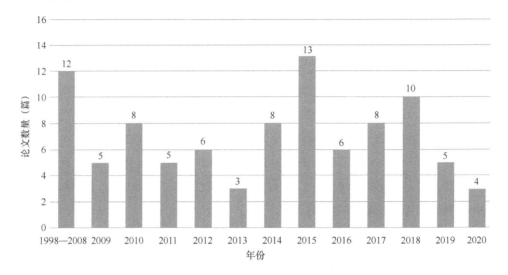

图 2-5　按发表年份分类的论文统计数据

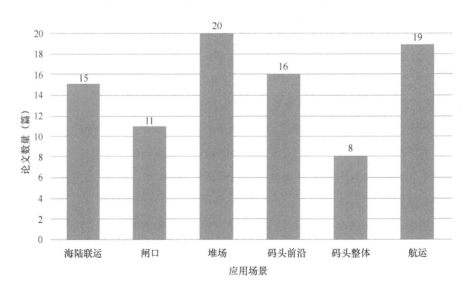

图 2-6　按应用场景分类的论文统计数据

这 93 篇论文（含四篇综述）分别发表在 36 种期刊和 2 类会议论文集上。其中，19 种期刊和 1 类会议论文集分别只包含了 1 篇相关论文。除了这 20 篇论文外，按刊分布分类的论文统计数据如图 2-8 所示。其中，*European Journal of Operational Research*（欧洲运筹学报）是最受欢迎的期刊，其次是 *Computers & Industrial Engineering* 和 *Transportation Research Part E*，以上期刊与会议论文集都接收方法论驱动和应用驱动的论文。

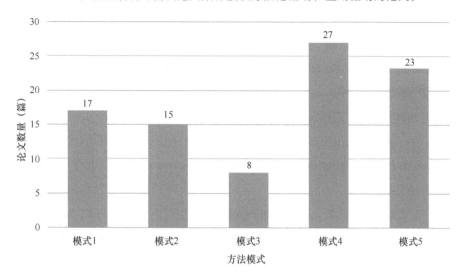

图 2-7　按方法模式分类的论文统计数据

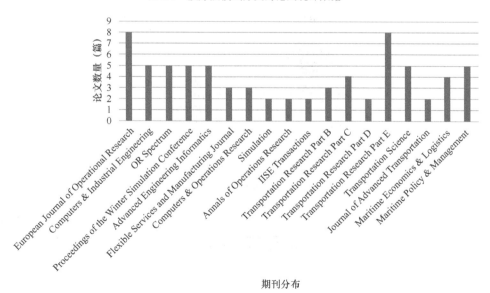

图 2-8　按期刊分布分类的论文统计数据

图 2-9 则是基于期刊与会议论文集的研究领域进一步分类的论文统计数据。值得注意的是，同时采用优化和仿真的海事物流研究普遍受到工业工程领域、运筹优化领域和交通运输领域期刊的青睐。四个研究领域的定义和总结如下：

1）"工业工程与运筹学"表示该期刊或论文集广泛接受工业工程和运筹优化领域的各类主题。这些期刊包括 *European Journal of Operational Research*、*Computers &Industrial Engineering*、*OR Spectrum*、*Advanced Engineering Informatics*、*Flexible Services and Manufacturing Journal*、*Computers & Operations Research*、*Annals of Operations Research* 与 *IISE Transactions*。其中，共有 33 篇论文在这些期刊上发表。

2）"仿真"表示该期刊或论文集重点接受仿真领域的论文。虽然仿真是运筹领域的一部分，为了更好地突出仿真的价值，我们将其单独列出。主要期刊与会议论文集包括 *Simulation* 和 *Proceedings of the Winter Simulation Conference*。其中，共有 7 篇论文在这些期刊与论文集上发表。

3）"交通运输"包括 *Transportation Research* 系列期刊（包括 *Part B*、*Part C*、*Part D* 和 *Part E*）、*Transportation Science* 和 *Journal of Advanced Transportation*。其中，共有 24 篇论文在这些期刊上发表。

4）"海事物流"包括重点突出海事物流领域核心期刊 *Maritime Policy & Management* 和 *Maritime Economics & Logistics*。其中，共有 9 篇论文在这些期刊上发表。

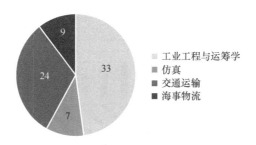

图 2-9　基于期刊与会议论文集的研究领域分类的论文统计数据

第五节　小结

随着计算机技术的快速发展，运筹学方法，特别是仿真与优化得以广泛发展与应用。除了海事物流业，越来越多的行业正在逐步接纳这些工具并用于商业规划与运营提升。

同时，由于系统复杂性的提升及对研究成果实用性的要求，仿真优化集成方法框架下的五种模式，即优化提供仿真的输入、仿真提供优化的输入、仿真优化迭代、仿真优化算法和动态优化下的仿真，正在逐渐成为研究热点。本章将近百篇文献按照方法论与应用场景两种分类进行了梳理，论证了仿真优化集成方法对学界与业界的实用性与价值。由此可见，仿真优化集成方法作为一个处于高速发展中的研究领域，未来前景十分广阔。

第三章

闸口智能化：
有限空间下的车船协同调度问题

第一节　概述

作为全球经济的重要支撑，国际航运业承载着全球约 90%的贸易运输。随着市场需求的逐年增加，船舶的尺寸与续航能力不断发展，船舶数量在快速增加。虽然自 2008 年全球金融危机以来，全球贸易有增速放缓的迹象，航运业出现过短暂的"船多货少"的时期，但每天仍有近 30 万艘货船在运营。自 2020 年开始，受新冠肺炎疫情影响，欧美市场对商品的需求大幅攀升，船舶运力无法满足运输需求，海运价格大幅上涨，如从中国运往美国西海岸的一个集装箱的费用从 1000～2000 美元快速上涨到 10000 美元，最高时甚至达到了 15000 美元。很多研究开始重点关注航线设计、班轮排班、空箱调度等问题，以期通过运营与作业优化提升航运效率并降低成本。航运业的繁荣发展在带动上下游产业链发展的同时，也给很多环节的作业带来了巨大的挑战。本章关注的是航运过程中的一项重要作业，即船只补给作业运营优化问题。

绝大部分船舶，尤其是大型长途货轮，在抵达新加坡、上海、青岛等主要港口所在海域时，需要临时停泊在近海锚地，并从岸上寻求包括水、食品、机器零件备件等补给物资，同时将沿途产生的垃圾送回陆地处理。由于驳运码头的泊位与陆地空间极为有限，如何有效协调车辆与驳船抵达码头的时间与规律、降低泊位与码头内部的拥堵、提高物资接驳效率，对航运业具有十分重要的意义。

因此，本章围绕驳运码头遇到的驳船与卡车作业不同步、码头岸上与海面上经常发生拥堵的问题，研究了驳船与车辆的协同调度问题，并根据驳船与卡车的日常作业模式，提出了一种协同调度策略，使卡车按照计划抵达码头，同时基于仿真优化算法的思路，对协同调度策略的参数进行了优化。下面将从相关概念、问题描述、求解方法等多个角度详细展开"有限空间下的车船协同调度问题"论述。

第二节　车船协同的必要性

一、背景介绍

马六甲海峡是世界上最重要的航道之一。根据新加坡海事与港务局数据，新加坡在2011年接待了18万艘船，2017年接待了21万艘船。为服务过往船只，新加坡的驳船船队和驳运码头每年会接到约48000次呼叫，累计处理约65万t货物。驳运业不仅产生了可观的运营收入，提供了大量的工作岗位，还支撑着新加坡国际海事中心的领先地位。给远洋货轮提供高效的物资补给服务，需要足够的驳船，数十家物资供应商及卡车车队，以及驳运码头多方的紧密协作。如图3-1所示，补给作业有四个主要参与者：停泊在锚地等待补给的母船，往返于码头与母船之间补给物资的驳船，通过卡车向码头运输物资的供应商，负责联络与协调母船、驳船与供应商的代理商。当母船靠近或停泊在锚地时，它会向代理商订购补给品。代理商收到订单后，将分别向驳船和供应商下发订单，安排驳船与卡车在指定时间前往驳运码头。收到订单后，供应商会以最快速度准备物资，并指示卡车在指定时间抵达码头，驳船也会根据卡车抵达时间安排靠岸时间。供应商与驳船通过代理商更新彼此的状态，如提前或延迟到达。在码头中，当指定的驳船与卡车都准备就绪后，码头将通过码头吊将卡车上的物资搬运到驳船上，同时将驳船上的垃圾搬运到码头前沿，驳船装满物资后将离开码头并航向母船。

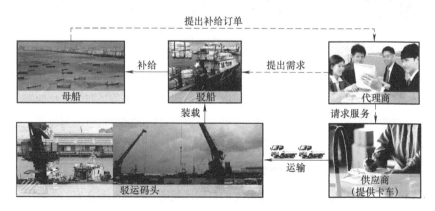

图3-1　新加坡的驳运码头作业概况

　　货物通过码头在母船、驳船与卡车之间不断流动，而码头空间狭窄，设备数量有限，运营压力巨大。以一个位于新加坡的驳运码头为例，码头布局如图 3-2 所示，包括三个车辆等待区域、一组码头吊及若干泊位。整个码头只有一个闸口供车辆进出。由于车辆等待区域空间有限，卡车通常在闸门外的道路上排队。早高峰期间，驳船出发前最多需要等待 90min 才能完成装卸作业离开泊位。但在这个过程中，码头无法直接控制各方的作业方式，也无法协调彼此的作业计划。换言之，母船何时下单、代理商何时调度驳船和卡车前往码头，码头都不会参与。同时，各方的决策与作业时间具有随机性，如卡车和驳船可能提前或延迟抵达码头。由此可见，补给作业的协同调度十分困难。

图 3-2　新加坡驳运码头布局

　　各方协同调度的一致性很大程度上取决于信息的准确性。若代理商能够及时准确地通知驳船与卡车抵达码头的时间，那么可以省去驳船与卡车的等待时间，也能够最大化利用空间资源。然而，从母船到代理商、供应商再到驳船的完整信息流通过程还处于传统模式阶段，即通过纸质文件和电话传递信息，信息传递的时效性与准确性较差，进而导致驳运码头经常出现码头内部堵车、卡车在码头外排队、泊位不足等问题。

　　代理商作为协调者处理的信息是静态的，即代理商无法追踪到各方的最新变动。尽管驳船会与码头协商预计到达时间（Estimated Time to Arrival, ETA）以预留停泊时间段，但其抵达取决于锚地周围的海上交通情况，具有高度不确定性，因此 ETA 并不可靠。即使码头鼓励驳船提前报告他们的到达时间，作业过程中的各种不确定性会使驳船的实际靠泊时间（Actual Time to Berth, ATB）与 ETA 存在较大误差，进而导致泊位分配效率低下。如果驳船错过了预约的时间段，可能需要借助对讲机与码头沟通并等待另一个可用的时间段靠泊。驳船上的货物需要供应商安排多辆卡车运往码头，每辆卡车运送的货物的种类与数量都不同，例如，有的卡车专门补给食品，有的卡车专门补给零配件。通常，供应商会要求他们的卡车按照约定的时间，准时或提前到达码头，以免造成驳船等待与作业延误。通过代理商传递给供应商的订单信息最终会形成一张一页纸的文件，称为交付和装运通知（Delivery and Shipment Advice，DSA），如图 3-3 所示。供应商将 DSA 交给卡车司机，卡车司机通常会早于驳船的 ETA 抵达码头。卡车提早抵达或驳船抵达延误，卡车便会在码头内部及闸口外部道路上产生排队，这就可能干扰其他卡车为其他驳船运送货物。由于以上各环节不确定性的叠加，驳船的预期离港时间（Expected Time to Departure，ETD）和实际离港时间（Actual Time to Unberth，ATU）也可能会产生较大误差。总之，当物资补给需求量大且海陆空间有限时，若驳船和卡车之间缺乏有效协调，码头的运营效率将受到严重影响甚至造成海陆两侧的拥堵。

作为一个传统行业，以上作业过程中的很多流程仍然以人工方式进行，很多实时信息难以及时捕获，例如，DSA 是完全纸质化的，信息通过对讲机交流，相关时间点如 ETA、ETD、ATD 等都由操作员手动记录，船舶和卡车的实时位置未知。整个作业流程缺少数字化转型是导致协调难以有效进行的一个重要原因。

二、研究现状

驳船运输作业作为多式联运的重要组成部分，是除卡车、火车外的另一种将集装箱运往内陆码头的运输方式。这种运输方式在欧洲比较普及，许多研究也围绕欧洲的海港与内陆港口的运营网络开展研究。例如，Fazi 等人针对由驳船和卡车组成的混合运输编队，开发了一个优化分配系统用于生成从海港码头到内陆码头的集装箱运输计划。为了将业务拆分为内陆干线业务和海港集散业务，Konings 提出了一种新的驳船网络运营模式，并进行成本效益分析，旨在兼具成本经济和可持续发展的同时促进大量的集装箱货流运往内陆。Nabais 等人开发了一个将货物分配到不同运输工具（包括卡车、火车和驳船）的框架。Li 等人设计多式联运货运网络时中加入了卡车、火车和驳船等多种运输工具，同时将多种实际因素纳入决策过程，如货物属性（目的地、类型和预约时间）、高速公路运输时间的影响、火车和驳船的调度计划的影响、网络的物理容量限制等。

<Replace with Your Company Letter Head Here>

DELIVERY / SHIPMENT ADVICE

Section A: Cargo Declarant's Information and Cargo Details

Name of Item Owner:	Vehicle No.:	Mobile/ Tel No.:
Name of Mother Vessel:	Lighter Company:	Lighter Name/ No.:

ENTRY (Export Cargo)	Description	No. of Packages	Tonnage	
			Weight	M3

EXIT (Import Cargo)	Description	No. of Packages	Tonnage	
			Weight	M3

Remarks (if any):
No. of empty pallets required to be brought out by Declarant:

Total Tonnage Declared
Weight (Kg)/Measurement M3 (Whichever is greater):

Declaration by Chandler/Transporter Company
I, _____ NRIC No. _____ being a person authorized to deliver the above-stated items, declare that no other goods other than so stated are discharged from/ loaded on this vehicle or loaded onto/ collected from the lighter.

_____ Signature of Driver   _____ Company Stamp

Section B: Crane Lifting Details

Weight/ Lift Day and Time	To be Completed by Declarant: Declaration of Number of Lifts	For Official Use Only: Verification of Number of Lifts
< 1 tonne		
> 1 tonne, < 2 tonnes		
> 2 tonnes, < 3 tonnes		
> 3 tonnes, < 4 tonnes		
> 4 tonnes, < 5 tonnes		

Section C: For Official Use Only

Entry Check	Lifting Date and Time
Date: Time:	Date: Time:
_____ Name & Signature of JPPL Staff	_____ Name & Signature of Lifting Supervisor

JPPL/LT/F/01
Version 2.0
Effective Date: 1 February 2013 (MSW), 4 March 2013 (PLT)

图 3-2　码头发给供应商的交付和装运通知示例

对于区域中心海港与周边内河港口来说，驳船是一种比较经济的集装箱转运方式，驳船运输调度受到了广泛关注。Maraš 等人的研究重在解决内河航道上的两个港口之间定期驳船的路线问题。对于驳船往返于海港与内河港口之间的运输集装箱的场景，Braekers 等人针对给定的船舶容量和往返频率，建立模型求解往返服务的最佳航运路线，并从驳船运营商和航运班轮两个角度验证了所提出的模型。Fazi and Roodbergen 为内陆码头的火车和驳船的集装箱运输规划提出了滞期费和滞留政策，即当集装箱出货时间长于预期时，码头需要向航运公司支付滞期费和滞留费。

卡车预约机制是解决码头闸口拥堵问题的一种常见管理方式。码头通常会设计一个系统供卡车司机（或供应商）预约卡车抵达时间。该系统不仅能避免卡车蜂拥而至引发的闸口拥堵现象，还降低了卡车排队等待的时间，提高卡车周转效率。许多学者围绕卡车预约机制展开研究。针对每个时间段的不同需求，Zehendner 和 Feillet 提出了分时段的卡车预约数量优化问题，通过分配跨运车等码头内部资源给不同的运输模式，如火车、驳船、卡车等，以降低码头作业延误的发生概率。在考虑卡车拥堵成本以及其他作业成本的情况下，Phan 和 Kim 引入分散决策模式，允许多个独立的运输公司和码头通过谈判机制协调预约，并引入卡车调度问题，允许每个货运公司自行确定需要部署的卡车数量并安排其行程，以便最终确定卡车到达时间窗。Chen 和 Jiang 对比了三种卡车到达时间窗口管理策略，数值实验表明其中两种策略在卡车等待、拥堵和空间占用量方面具有相似的性能。Gracia 等人以圣安东尼奥国际码头为例，通过实验分析高峰和非高峰时段到达卡车的队列长度及等待时间长短，并对拥堵的影响与相互作用关系给出五个因素。

不同于多式联运研究，驳船是驳运码头与停泊在海上的母船间唯一的运输方式。驳运码头不提供存储空间，且货物包装、大小非标准化，需要托盘承载，并且货物必须直接从卡车转移到驳船，装卸服务时间只受码头吊效率影响。码头无法提前得到关于卡车数量和每辆卡车的货物数量信息，这与以往的集装箱码头卡车预约系统研究完全不同。因此，驳船到达的不确定性会显著影响码头的拥堵状况，而卡车到达的不确定性则会加剧拥堵，最终导致码头的运营效率下降，本研究的重点是探讨如何协同调度驳运码头中驳船和卡车之间作业流程，以避免码头拥堵并提升运营效率。

三、行业价值

本研究希望通过应用仿真优化方法，并配合手持移动设备等技术来提高货轮补给作业效率。因此，本研究提出了考虑车船行为的协同调度策略，基于仿真优化算法对协同调度策略相关参数进行优化，以此协调驳船和卡车抵达码头的时间，减少卡车在码头附近的拥堵，提高驳船的运营效率。

基于此，本研究设计了一个操作简单的移动应用程序的原型程序，用于提升驳船船长与卡车司机之间的协作，并同时收集双方的实际状态。由于代理商具有不可控性，直接进行驳船与卡车间的信息交换更加高效。当算法计算好驳船与卡车间的调度计划后，该程序可及时将调度计划推送给船长和司机。移动应用程序主要用于指导船长或司机提前合理安排时间，而服务器后台则基于仿真优化算法为各方制订调度计划。

本研究首次提出驳运码头物资补给过程中的协同调度问题研究，不仅应用前沿研究方法解决了码头拥堵问题，还提出了借助数字化、信息化技术升级现有运营流程的解决方案，兼具理论价值与实践价值。

第三节　问题描述与关键技术

一、案例背景

驳运码头空间有限、驳船与卡车之间调度不畅是造成码头拥堵和效率低下的主要原因。如图 3-2 所示的驳运码头，其布局有三个卡车等待区、四个码头吊以及对应的四个泊位，每个码头吊最多可同时服务四辆卡车和三艘驳船。货物是非标准化的，为了装卸方便，供应商通常会提前将货物装进托盘打包妥当。当码头将码头吊分配给某个驳船时，也会同时分配对应的泊位。三个区域的容量分别为 16、10 和 17 辆车，等待区 1 是码头岸侧紧靠码头吊的空间，仅限即将作业的卡车驶入，等候区 2 和等候区 3 用于停放稍后处理的卡车。即使等候区 1 空闲，卡车也会优先在等候区 3 等待，然后是等候区 2，以便给紧急需要作业的车辆让路。

由于代理商无法精准调度驳船与卡车，且随着前面提到的 ETA、ATB、ETD 和 ATU 等信息不确定性的累加会导致码头岸侧与闸口处的拥堵程度加剧，进而降低驳船作业效率。由于空间的有限性，码头无法设置临时存放区供货物放置（即卡车可以提前离开），也无法设置车辆缓冲区来缓解堵塞可能带来的连锁效应，如作业死锁。同时，驳船也会在泊位停留等待至所有货物送达才离开。因此码头岸侧，尤其是码头吊区域，很容易成为整个作业流程的瓶颈环节。

为了解决上述问题，车船协同调度策略需要优先处理闸口处的拥堵状况，再处理码头内部拥堵。从码头的角度来看，减少拥堵不能仅依靠调整驳船或卡车的单方调度计划，如驳船早到或卡车晚到，驳船可能会长时间占用泊位进而降低码头吞吐量。相反，如果驳船迟到或卡车早到，卡车可能会长时间占用有限的临时停车空间。因此，解决方案需要具备以下几点特性：

1）由于驳船的靠岸时间会影响多辆卡车的计划，因此协同调度策略需要考虑驳船的ETA的不确定性。

2）考虑卡车与驳船的到达行为（如提早抵达、延迟抵达）对协同调度的影响。

3）降低预计到达时间不确定性对卡车拥堵的连锁效应。

4）将卡车与驳船的抵达事件与码头吊作业关联起来，同时平衡多台码头吊的工作量。

二、解决方案框架

本研究基于仿真优化算法，提出了如图 3-4 所示的解决方案框架。框架的主要目标是为驳船与卡车提供协同调度计划，包括时间、位置、状态、需要采取的行动等信息，以便通过车船协同，提前解决驳运码头的拥堵问题。这个解决方案有三个关键点：一是基于现实作业建立驳运服务流程以及协同调度策略；二是通过建立离散事件仿真模型，尽可能详细地模拟驳运码头现实作业流程与细节；三是建立搜索算法对策略中的参数进行优化。最终，基于最优参数形成的协同调度策略，为新的驳船与卡车作业任务计算调度计划。

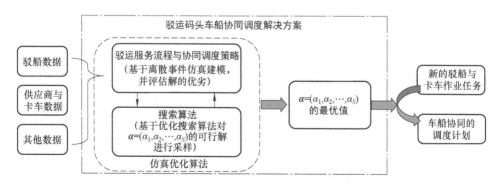

图 3-4　基于仿真优化算法的解决方案框架

离散事件仿真已经被广泛用于描述复杂系统的实际作业情况，建模的重点是研究驳运码头中卡车、驳船、码头吊与码头各区域的交互，以及如何通过精准调度各个事件的发生，提升协同调度效率。因此，本章采用离散事件仿真方法和开源的 O2DES.Net 框架建立仿真模型。模型详细地刻画了与卡车、驳船、码头吊作业相关的仿真事件，如卡车抵达闸口、卡车进入等待区等。为了使仿真模型更准确地反映实际作业效果，模型还采用码头日常运营数据进行校准，尤其对描述卡车与驳船行为的参数进行了调整，使得该模型可以作为后续改进、优化方案的对比基准。

本研究提出的协同调度策略需要同时调整驳船和卡车的调度计划，因此策略好坏将同时反映在驳船平均周转时间和卡车平均周转时间上，即本问题是一个双目标优化问题。由于策略参数可选范围较大，无法使用仿真模型逐个验证每一个可选参数，为了优化策略参数，本研究采用仿真优化算法，即通过优化算法对相关参数进行采样与调整，再用仿真检验对应的调度策略优劣，最终决定新的采样方向。解决一个双目标问题时，最优策略可以是一组参数，也可以是从帕累托前沿衍生的多组参数，因此，本研究采用多目标优化算法与仿真结合来求解本问题。

当找到最优调度策略后，该策略可以为未来的补给任务建立驳船和卡车的协同调度计划。当码头发生重大变化时，如驳船与卡车的峰谷时段变化、码头布局改变等，相关数据会发生显著变化，此时需要重新校准仿真模型，并更新最优调度参数。

三、仿真建模

为了模拟卡车与驳船的交互关系，需要对卡车与驳船各自发生的事件，以及交互发生的事件进行建模。码头吊同时服务驳船与相对应卡车的开始和结束事件是该模型的关键。仿真模型流程如图 3-5 所示，图中每个方框代表一个事件。该模型包含了三个阶段：一是计划阶段，由调度策略制定驳船和卡车抵达计划（DSA）；二是抵达阶段，驳船和卡车分别遵循计划抵达码头，并进行相应操作，如靠泊作业、进入闸口和信息查验；三是作业阶段，当驳船与卡车在码头内部准备就绪后，码头吊即可开始相应的作业，直到驳船和卡车离港离岸。为便于后续分析，对每个事件进行编号。

图 3-6 显示了驳船与卡车各自作业流程，事件 la、lb 和 lc 代表驳船的靠泊操作，如若驳船不能马上靠泊，将继续等待；当驳船准备就绪时，事件 ca、cb 和 cc 将模拟码头吊操作；所有工作完成后驳船离开，同时码头通过事件 ld 通知下一个驳船靠泊。事件 ta 和 tb 代表卡车到达，若港内拥挤，则卡车需在闸门外的道路上等待；进入闸门后，码头会对每辆卡车进行必要的通关流程，用事件 tc 和 td 来表示；一旦卡车被放行并且相应

的驳船准备就绪，事件 ca、cb 和 cc 将模拟码头吊操作。图中的箭头指示部分是驳船和卡车之间的交互事件（即事件 ca、cb 和 cc）。

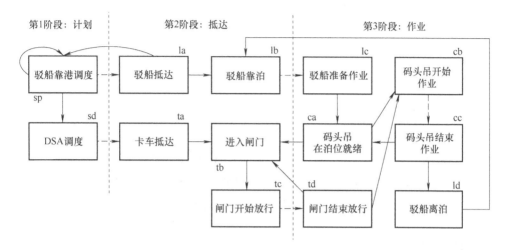

图 3-5　仿真模型流程

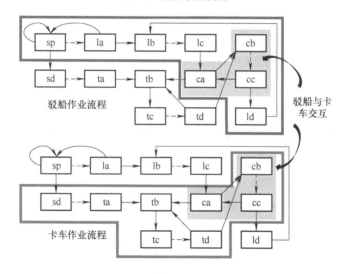

图 3-6　驳船与卡车各自作业流程

该模型的主要假设包括：

1）驳船的抵达率服从泊松分布。

2）一天中，每个驳船相对应的卡车抵达计划（DSA）有不同的规律，由于 DSA 数量必须为正数，因此假设每个驳船对应的 DSA 抵达率在数量大于 1 时服从泊松分布。

3）卡车进入码头闸门的所需时间服从正态分布 (μ_g, σ_g^2)。

4）码头吊搬运单个货物的所需时间服从正态分布 (μ_c, σ_c^2)。

5）驳船预计抵达时间 ETA 与驳船实际抵达时间 ATA 之间的时间差服从正态分布 (μ_l, σ_l^2)，当数据量足够大时，可以为每个驳船建立独立的随机分布。

6）驳船从靠泊到开始装卸卡车货物的时间差服从正态分布 (μ_f, σ_f^2)，这个时间差表示装卸准备与海关查验所需的时间。

7）驳船预计抵达时间 ETA 与卡车实际抵达时间 ATA 的时间差是随机变量，方差 $\sigma_t^2(s)$ 受车辆 s 影响，每辆车可能有不同的行为，取决于码头与货源的距离及交通状况。

8）每辆卡车 s 按照对应驳船预计抵达时间 ETA 准时到达的概率表示为 $p(s)$。

9）基于 $p(s)$ 与 $\sigma_t^2(s)$，驳船预计抵达时间 ETA 与卡车实际抵达时间 ATA 时间差的均值可以由公式 $\mu_t(s) = \sigma_t(s)\Phi^{-1}(p(s))$ 计算，其中 Φ^{-1} 是标准正态分布的逆累积分布函数。

四、协同策略

通过在码头现场实际观测发现，一次补给作业会产生多个 DSA 订单。司机迟到会被代理商或供应商处罚，因此，即使需要在码头外面等待很长时间，大多数司机仍然愿意提前到达码头。研究发现调节发给每辆卡车的 DSA 上的时间计划，能够分散卡车的抵达时间从而减少拥堵。

本研究首先针对卡车调度事件（sd）进行研究，该事件会为每辆车的 DSA 规划抵达时间。相关车辆的抵达时间与驳船抵达时间默认保持一致，但考虑到卡车的实际抵达时间可能会偏离计划时间，且在实际作业中可能出现多辆卡车由同一个码头吊服务的情况。因此，引入参数 α 来调节 DSA 计划时间与驳船抵达计划的时间差。考虑到司机个体思维差异所导致的行为差异，比如早到、准时到或迟到，因此需要为每辆卡车设定独立参数 α_s。同时，我们可以认为司机的行为在仿真期间内（通常是一天）不会发生重大变化，因此参数 α_s 在仿真中保持不变。

在协同调度策略中，基于驳船抵达时间调整每辆车的抵达时间为

$$t_{\text{卡车}}(j_l) \leftarrow t_{\text{驳船}}(i) + \alpha_{\bar{s}(j_l)} \sum_{l'=1}^{l-1} n(j_{l'}) \mu_c, \forall l \in \{1, \cdots, \|D(i)\|\} \qquad (3\text{-}1)$$

式中，$D(i)$ 是所有与驳船 i 有关的卡车 DSA 集合，按照卡车大小与货物量非递增顺序排序，即货物越多的卡车将被优先处理；j_l 是 $D(i)$ 的第 l 个元素，即第 l 个卡车 DSA；$n(j_l)$ 是第 j_l 个卡车 DSA 装载的货物量；μ_c 是装载一件货物所需的时间均值。

式（3-1）针对驳船时间 $t_{驳船}(i)$ 以及每辆车所装载的货物量，依次调整卡车抵达时间 $t_{卡车}(j_l)$。

协同调度策略总体思路如下：若不采用协同调度策略，如图 3-7a 所示，所有车辆都会依据 DSA 表上预估的驳船抵达时间 ETA 前往码头，同一驳船的所有卡车都基于同一计划前往码头，极易导致拥堵。因此在图 3-7b 和图 3-7c 中使用参数 α 与 α_S 分散卡车的到达时间，以避免拥堵。同时，参数还可以根据车辆行为进行适应调节，如卡车 2 在以往的作业中总是延误，则调度策略会提前安排该卡车的到达计划以防止迟到。

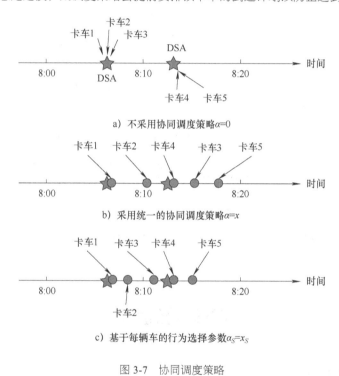

a）不采用协同调度策略$\alpha=0$

b）采用统一的协同调度策略$\alpha=x$

c）基于每辆车的行为选择参数$\alpha_S=x_S$

图 3-7 协同调度策略

五、多目标优化算法

本研究是一个双目标优化问题，优化目标是最小化驳船平均周转时间与卡车平均周转时间，为了解决这个问题，研究采用基于最具潜力区域随机搜索的多目标优化算法（Multi-Objective Convergent Optimization via Most-Promising-Area Stochastic Search）。该算法是解决多目标仿真优化问题的随机搜索算法之一，适用于求解离散型决策空间的问题，通过构建比其他区域更有可能获得非支配解的最具潜力区域（Most Promising Area）可以进行决策空间搜索。随机采样在最具潜力区域中迭代进行，仿真实验结果用于更新最具潜力区域，直到收敛得到局部帕累托解集。该算法已被证明可以局部收敛且数值实验显示该算法在基准问题上的性能优于很多其他多目标搜索算法，如多目标遗传算法 NSGA-II。

本研究用矢量 g 来表示多目标。在仿真中，我们通过 $G = (G_1, G_2)$ 的平均值来估计 g，G_1 和 G_2 分别表示为

$$G_1 = \frac{\sum_{i \in \Pi} t_{\text{ATU}}(i) - t_{\text{ATA}}(i)}{|\Pi|} \tag{3-2}$$

$$G_2 = \frac{\sum_{j \in \Delta} t_{\text{卡车离开时间}}(j) - t_{\text{卡车实际抵达时间}}(j)}{|\Delta|} \tag{3-3}$$

式中，Π 是已离开码头的驳船集合；Δ 是已离开码头的卡车集合。

协同调度的效果及仿真实验结果应取决于每辆卡车 s 对应的协调参数 $\alpha = (\alpha_1, \cdots, \alpha_S)$，其中 S 表示到达码头的总数，基于双目标的仿真优化问题可以定义为

$$\min g(\alpha) \approx G(\alpha) = \frac{\sum_{\omega=1}^{\eta} [G_1(\alpha, \omega), G_2(\alpha, \omega)]}{\eta} \tag{3-4}$$

式中，η 是分配给用于验证每个 α 的仿真计算资源；ω 是用于仿真评估的随机种子。

本研究对所有 α 采取 $\eta = 30$ 的平均分配。如果想要进一步提高计算效率，可以根据相应的仿真观测结果动态调整分配给 α 的 η 数量。

第四节　数值实验

一、实验参数

为了得到仿真模型的基准参数，本研究首先采用驳运码头六个月历史数据集来进行参数配置。如图 3-8 所示为历史数据对仿真模型的作用。

码头的作业需求由母船产生，但由于驳船作业会牵引卡车作业，因此在模型中将驳船抵达规律视作实际补给需求。如图 3-9 所示，通过单位时间的驳船抵达率（每小时停靠码头驳船数量）和每个驳船对应的 DSA 抵达率（每小时驳船对应的卡车抵达数量），可以看出高峰期通常出现在上午 9 点到 11 点，白天的需求比晚上高。尽管一天中各时段驳船对应的卡车数量存在细微差别，如一般在清晨每艘驳船会呼叫更多车辆，但总体的

卡车到达率基本持平（本研究使用的 DSA 数据量为 61601 条）。

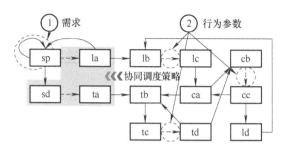

图 3-8 历史数据对仿真模型的作用

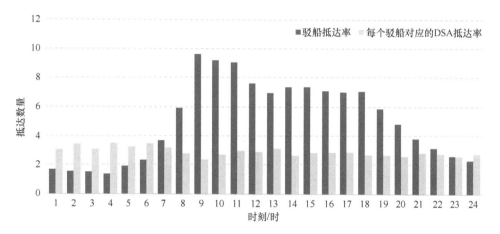

图 3-9 实际补给需求数据

码头配置参数见表 3-1。对于驳船运行规律，历史数据只反映了驳船从靠泊到第一次作业的时间差，即 $(\mu_f, \sigma_f^2) = (8.464, 9.162)$，假设 ETA 和 ATA 的时间差是 $(\mu_l, \sigma_l^2) = (0, 100)$。关于卡车运行规律，历史数据中涵盖了 346 辆卡车，基于此假设每辆卡车 s 的 $\sigma_t(s)$ 在[5, 15]区间内随机取值，$p(s)$ 的取值范围为[0.7, 0.95]。此外，仿真实验运行参数的预热时间为三天，之后会进行 10 天仿真实验，并输出结果。

表 3-1 码头配置参数

参　数	定　义	值
N	码头吊数量	4
H	每个码头吊对应的泊位数量	3
L	每个码头吊对应的卡车作业位数量	4
M	卡车等候区的总容量	27

（续）

参　　数	定　　义	值
(μ_g, σ_g^2)	卡车进入码头闸门的所需时间的平均值和方差（单位：分）	(1.500, 0.090)
(μ_c, σ_c^2)	码头吊搬运单个货物的所需时间的平均值和方差（单位：分）	(1.759, 0.204)

二、协同调度策略分析

当 $\alpha=0$ 时，协同调度策略不发挥作用，即卡车会按照对应的驳船 ETA 时间抵达码头。从图 3-10a 可以看出，有大量的驳船与卡车停留在码头中等待装卸货。因为每个码头吊附近都有足够的泊位空间与停车空间，码头内也有足够的空间供卡车临时等待，所以在近海等待靠泊的驳船以及在闸口处等待入场的卡车相对较少。虽然当前码头空间能够处理这些驳船与卡车，但依然存在堵塞与安全隐患，如大量的卡车和驳船可能发生拥堵、碰撞，码头无法承担更多的任务量而影响后续发展，且较长周转时间导致卡车和驳船的低效运转（如图 3-10b 所示）。

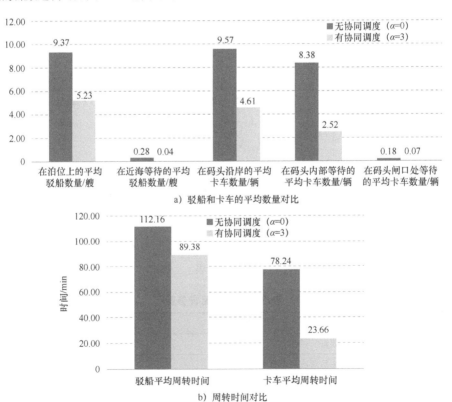

a）驳船和卡车的平均数量对比

b）周转时间对比

图 3-10　应用调度策略前后对比

随后，将每辆车设置为相同的 α 值来简单说明协同调度策略的有效性。α 值相同意味着不具体区分每辆卡车的个体行为，图 3-10 展示了当 $\alpha=3$ 时采用协同调度策略与不采用协同调度的差异。数据显示，协同调度能够显著减少码头内的卡车数量，能有效降低码头拥堵状况。虽然协同策略旨在使卡车适当"延迟"抵达，但驳船的工作效率并不会因卡车迟到而受阻，驳船的平均周转时间反而有所减少。

三、最优策略搜索

为了进一步研究系统性能随 α 的变化，我们对 α 的取值在区间 [0, 10] 范围内进行线性调整，所得的驳船和卡车的平均周转时间如图 3-11 所示。随着 α 的增加，卡车的到达时间开始分散，有效缩短了卡车的等待时长，节省了卡车在码头内的周转时间，同时也减轻了驳船延迟对卡车的影响，间接增加了码头吊的可用性。然而，当 α 过大时，如 $\alpha \geq 4$，驳船需要更长的时间等待"迟到"的卡车，此时驳船会出现空闲时间；当 $\alpha > 6$ 时，由于驳船周转时间拉长，泊位将很快被占满，导致其他驳船与相应的卡车等待时间增加，此时驳船与卡车的平均周转时间都会增长。

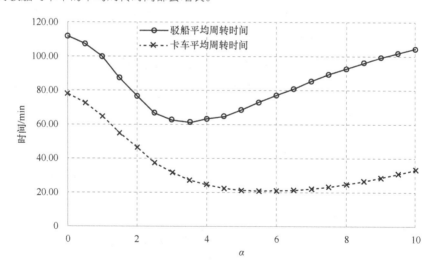

图 3-11 平均周转时间与 α 的变化规律

实验发现当 $\alpha \in [3.5, 6]$ 时，两个优化目标，即驳船和卡车的周转时间出现反向变化，可以理解为该范围内的解的最优性更佳，因此将形成双目标优化问题的帕累托前沿解。如图 3-12 所示，该实验中可以找到 6 个帕累托解。

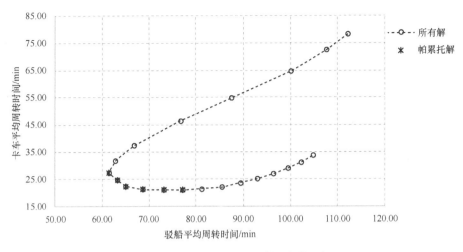

图 3-12　双目标优化问题的帕累托前沿解

　　接着，进一步放宽 α 的取值范围，允许 α 的每个元素具有不同的值，即允许基于不同卡车行为设置不同的参数 α。首先，将 α 统一取值的所有可行解作为初始解，并应用多目标优化算法搜索更好的帕累托集合。对至关重要的多目标优化算法两个参数如下：一个是采样批量大小，较小值能收敛地更快，较大值能更好地探索解空间；另一个参数则用来对解空间的离散化处理。本研究将采样批量大小设置为 3，通过保留 1 位小数对 α 决策空间进行离散化，经过 10000 次迭代后得到的帕累托前沿如图 3-13 所示。结果表明，通过松弛每个卡车司机行为影响的决策变量 α_S 能够显著提高解的质量，并进一步改善驳船与卡车的周转效率。

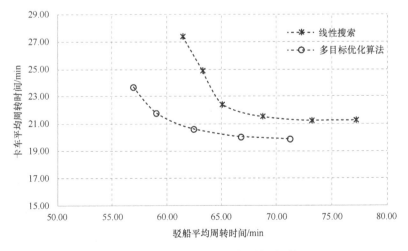

图 3-13　基于多目标优化算法的帕累托前沿

第五节　行业应用示例

移动应用程序具备分别为驳船船长和卡车司机设计的两个视角。

图 3-14 是驳船船长的移动应用程序界面，当船长在海中等待时可以看到图 3-14a 所示界面，该界面显示驳船前往码头的时间表、提供补给服务的卡车详细信息，以及驳船应该采取的行动，如在近海等待或前往码头。这些时间，如 ETA、ETB、ETU 等最初由代理商规定，随后可以根据调度算法进行相应调整，船长也可以根据卡车实际状况和驳船调度信息，自行调整航行速度。当驳船靠近码头时，如距离码头还有 5min 航程时，即可视为驳船到达，视图将自动切换到图 3-14b，此时驳船抵达码头的时间记录为 ATA，如果有泊位空闲，驳船将会请求靠岸；反之则原地等待。当码头呼叫驳船停靠时，视图将切换到图 3-14c，告知驳船相应的码头吊编号与泊位编号。当驳船完成靠泊后，时间将被记录为 ATB，并由码头吊开始装卸作业。所有补给品装卸完毕后，码头会催促驳船离开，而视图将显示母船信息，如图 3-14d 所示。最终，驳船的离岸时间记录为 ETU。

图 3-14　驳船船长的移动应用程序界面

图 3-14　驳船船长的移动应用程序界面（续）

对于卡车司机来说，界面更加直观。在驳船到达前，界面会显示卡车的预定到达时间，记录为 STA，同时显示对应驳船的实时状态，如图 3-15a 所示。根据提供的信息，驾驶员可以根据其自身情况（如所处位置、交通状况等），决定何时驶往码头以免发生

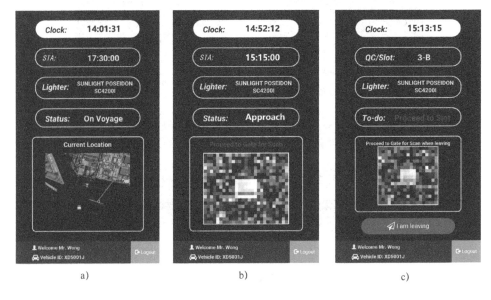

图 3-15　卡车司机的移动应用程序界面

延误。如果信息准确，那么卡车司机就不需要提前赶到码头排队等待，只需要在码头附近等候。当驳船离码头很近时，视图会切换到图 3-15b 所示，通知司机此时应该前往闸门口办理通关手续。进入码头闸口后，程序会记录卡车进入闸口的时间，并显示对应的码头吊与泊位信息，以及驳船的详细信息，如图 3-15c 所示。当作业完成后，司机需要单击"I am leaving"按钮表明其已经完成作业，同时程序也将通知驳船。

第六节　小结

本研究重点关注驳船的运营效率和卡车抵达码头时可能发生的拥堵情况，因此，研究提出了一个以最小化驳船和卡车的平均周转时间为目标的双目标优化问题，基于仿真优化方法建立了仿真模型与最优协同调度策略，并结合移动应用程序等新兴技术来提高货轮补给作业的运营效率。在数值实验中发现，通过协调驳船与卡车抵达时间，如使驳船可控地延迟抵达码头，可以显著改善驳船的运行效率和卡车的拥堵情况。

从管理角度来看，这项研究论证了通过数字化手段提升传统行业运营效率的重要性与必要性。通过数字化手段，将补给服务原本无序的作业流程变成可控的，不仅可以提升驳船与卡车的运营效率，也让码头内部管理变得更加轻松高效。同时，本研究也论证了仿真优化方法对系统层面策略设计有十分重要的意义，即通过仿真模拟真实系统的运营，使优化结果更加贴近实际。

第四章

堆场智能化：
受翻箱影响的堆场资源规划问题

第一节　概述

随着新港口落成和二级贸易航线的建立，集装箱海运业务正在迅速增长，并逐渐引起人们对如地理限制、集装箱运输量激增、土地稀缺和码头效率不高等关键问题的关注。对于集装箱码头，如何实现在有限土地下，尽多堆存或转运集装箱、尽快周转，是影响码头核心竞争力的关键因素。

常见的集装箱码头布局如图 4-1 所示。图 4-1a 所示的垂直布局，多见于欧洲以进出口为主业的码头，该布局的特点是水平运输集中在码头前沿区域，负责集装箱在场桥与堆场之间的周转，同时由场桥将集装箱从岸侧搬运到陆侧。图 4-1b 所示基于跨运车的垂直布局，多见于流量较小的码头，该布局的特点是堆场没有场桥，所有的翻箱、倒箱、搬运全部由跨运车完成，而当跨运车抵达指定位置并放下集装箱后，车辆即可离开执行新的指令。图 4-1c 所示的平行布局，常见于亚洲中转、进出口混合业务较多的码头，该布局的特点是水平运输贯穿于堆场之间，并连通码头前沿，水平运输载具能够直接停靠在堆场侧面，方便场桥装卸。综合考虑三类集装箱码头的性能差异，从空间利用率角度分析，因为跨运车需要进入区块中抓取货物，并且需要预留道路供集卡、AGV 在区块之间穿行，所以基于跨运车的垂直布局和平行布局的空间利用率低于垂直布局。然而对于堆场装卸效率而言，由于场桥需要在堆场内进行往返移动，显然垂直布局的堆场装卸效率相对较差。

本章以平行布局的集装箱码头为主要研究对象。因为亚洲的港口对码头作业效率要求较高、进出口与中转集装箱作业量较大，所以大多码头都会采用平行布局，如我国的大连、青岛、天津、广州、北部湾等地，以及新加坡、韩国釜山等地。在平行布局中，每个区块有至少一台场桥，并且允许车辆停在靠近场桥的地方，以减少场桥的往返移动，进而提高了场桥的作业效率。同时考虑尽可能避免场桥间的相互碰撞，每个场桥通常会被分配到一个指定区域进行连续作业，减少大范围往返移动。

本章以提升堆场空间利用率和设备利用率为目标，对自动化集装箱码头的堆场管理问题进行研究，并提出一种灵活的堆存策略，在考虑集装箱翻箱影响下基于仿真的思路建立优化模型，同时设计求解最优决策的相应算法。下面将从相关概念、问题描述、求解方法等多个角度详细展开受翻箱影响的堆场资源规划问题的探讨。

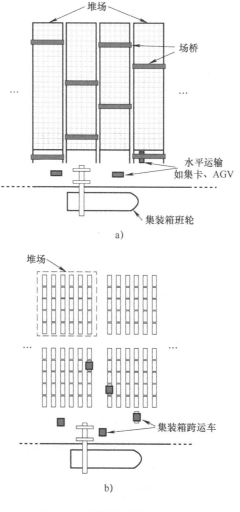

图 4-1　常见的集装箱码头布局

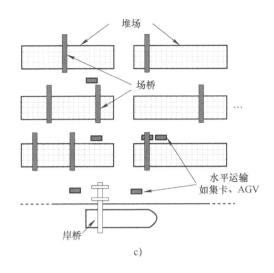

c)

图 4-1　常见的集装箱码头布局（续）

第二节　堆场资源规划与堆场翻箱

一、背景介绍

集装箱堆放空间与场桥是堆场的关键资源，无论是堆场空间不足或是场桥作业效率不高，都会影响堆场收箱与出箱数量与时效，进而影响码头其他区域的运作效率，出现如岸桥闲置或闸口堵塞等问题。因此，码头的堆场资源规划研究的主要目标就是优化集装箱堆存位置与堆存量以及场桥的分配，从而提升关键资源的利用率。

堆场翻箱是指对堆场中的集装箱堆放情况进行重新排列，用以优化出箱效率。例如，如果需要优先取走的集装箱恰好被放置在了一个堆垛的底部，出箱时，场桥需要将目标集装箱之上的所有集装箱移动至其他堆垛，才能取出目标集装箱。为了移走其他集装箱而产生的额外的场桥移动，将显著降低场桥的吞吐量。堆场翻箱通常可分为装船翻箱、提箱翻箱和移箱翻箱三种类型。装船翻箱主要是由于出口堆场安排不合理或配载安排不合理等原因造成的，对港口服务效率有直接影响，导致作业成本增加；提箱翻箱是由于客户提箱顺序与堆场堆箱顺序不匹配造成的，对码头的提箱作业效率有一定影响，造成作业成本上升；移箱翻箱通常为小概率事件，且绝大部分码头在堆场空闲时才进行移箱翻箱，虽然可能导致无效作业时间增加，但对港口服务效率一般不会产生太大影响。

集装箱有不同的属性，如质量、尺寸、所属航运公司或航运联盟、目的地及特殊要求（冷藏箱、危险货物、超限货物、很短的中转时间或特定的装卸顺序等）。为了快速存取并减少翻箱操作，业界常用的做法是将具有相似、相关属性的一组集装箱归为一个集合，同一集合的集装箱通常会被认为不需要区分装卸顺序，即装卸顺序对船只后续装卸任务没有影响。另一种集中规则常用于中转集装箱的临时存放，即基于集装箱将要装载的船只进行堆存，其主要目的是通过将连续装载的集装箱紧密地放置在一起，使场桥能够对这个集合的集装箱连续作业，进而提升堆场的作业效率，这一规则已经被广泛地运用在新加坡等地的码头堆场运营过程中。

虽然上述规则能够在一定程度上减少翻箱，但来自业界的反馈表明，集装箱堆场翻箱仍然是堆场管理中的一个主要运营挑战，作为全球最大的集装箱港口之一，新加坡港也建议将翻箱的影响纳入到堆场资源规划决策中。然而，在进行堆场资源规划相关决策时，现有的文献和行业实践大多假设场桥的装卸能力遵循固定效率，即忽略集装箱翻箱的影响。

二、研究现状

由于堆场连接着岸侧与陆侧作业，良好的堆场管理对整个码头的作业效率至关重要。Jiang 和 Jin 将堆场管理分为三类决策层次：①战术层面侧重于长期规划，根据不确定信息对所需资源进行预估，并做出初步决策（如堆场空间规划，yard template planning）；②随着船舶货物装卸完毕与离港，相关货物与需求信息更加详细，码头可根据这些信息进行短期规划，对空间和设备进行提前分配；③当船舶抵达的时候，船上的集装箱配载、集装箱装卸现有顺序都是确定信息，码头进而根据这些信息开始实时作业调度。

堆场空间规划的目标是根据船舶需求为其预留堆场空间。对于集装箱班轮而言，由于船期相对固定（即按照一定周期航行），码头工作人员可以提前较长时间进行粗略的堆场空间规划。虽然这种规划由于缺乏信息而不够精确，如具体需要多少堆垛难以估计，但对于工作量较小的码头来说仍然有效。一个经验丰富的操作团队可以在先前的堆场空间规划决策的基础上进行实时作业决策，根据详细的集装箱信息精确分配堆垛。码头常见做法是将堆场中的区块分为多个子区域，再根据船只需求决定子区域的分配与预留关系。

同时，部分学者对堆场空间规划与其他战术层面相结合的问题开展了研究。Zhen 等人和 Hendriks 等人提出了堆场空间规划与泊位规划的混合优化问题。Tao 和 Lee 提出了一种多集群堆存策略，将中转货物拆分为多个集群，并将每个集群分配到不同的区块中。Jin 等人增加了母船和支线驳船之间的协调因素。Wang 等人在堆场空间规划与泊位规划的基础上，进一步增加了岸桥规划这一决策。

从短期规划角度来说，空间分配是在给定的堆场空间规划基础上，确定集装箱如何分配到相应的空间之中。在船舶到达前几个小时至一周内，随着相关信息的确定，空间分配决策也更容易制定。一个好的分配策略可以提高码头的设备与空间利用率，进而提升码头整体效率。针对这一研究问题，相关学者先后以设备部署成本最小化或装卸时间最小化为优化目标开发了相应的模型与算法，并提出了集装箱堆存的集中规则以减少装货过程中的翻箱。为了进一步提高分配的灵活性，Jiang 等人将区块分为大小不等的多个子区域，通过大小搭配的方式优化空间利用率，并提出了新的共享空间概念，将子区域的边界作为参考点，从边界开始向区域内填充集装箱。这一概念显著改善了先前研究的空间利用情况，在作业量特别大的情况下码头整体效率有显著提升。

为了减少翻箱，许多学者都从微观层面对翻箱问题进行研究。基于给定的初始堆存配置，Kim 提出了一种方法，用于估计取出任意集装箱所需的预期翻箱次数，以及提取所有集装箱所需的翻箱总次数。围绕出口集装箱的堆叠顺序问题，Kang 等人提出了基于不确定质量信息的优先排序堆叠策略，与传统的相同质量分组的堆垛策略相比，这种策略可以大大减少集装箱翻箱所需的额外场桥作业。Lee 等人围绕静态翻箱问题提出了三阶段启发式算法，假设集装箱提取顺序给定，以最小化集装箱移动次数和场桥的操作时间为研究目标。针对一组有离开时间窗约束的集装箱，Ku 和 Arthanari 建立了一个随机动态规划模型用于计算最低预期翻箱次数，并在后续研究中提出了一种方法用于提升运算效率。在给定的贝位堆放配置以及提取优先级的情况下，Ting 和 Wu 提出了多种提箱翻箱策略用于优化场桥作业顺序。Gharhgozli 等人关注在考虑船舶延误情况下的集装箱堆垛与翻箱作业计划的优化问题。此外，另有一些研究采用仿真方法研究场桥堆垛作业，多数采用离散事件仿真模型来模拟集装箱在一个贝位或一个区域内的集装箱堆垛与提取作业，并分别研究了堆放高度和地面空间大小、集卡抵达时间、集装箱发运时间和堆放位置等因素对堆场作业的影响。

从现有研究可以总结出以下研究现状：

1）针对堆场空间分配这一类问题，场桥分配和交通拥堵是两个主要因素。

2）大多数堆场管理相关研究假设场桥有固定的吞吐量并忽略翻箱带来的影响。

3）现有的翻箱研究更多集中在微观层面的决策上，即针对单一区块内的集装箱，如何优化堆存或取箱流程、减少场桥额外作业，而不是宏观层面的影响上。

三、行业价值

出于行业现存的挑战和学术空白的考虑，本研究围绕堆场资源规划中的堆场空间分配这一短期决策，重点解决如何为船舶预留空间和在每个预留空间中分配多少个集装箱这两个关键问题。由于集装箱翻箱对空间分配有显著的影响，我们提出一个灵活集装箱分配策略，允许空间根据实际需求调整大小。由于现有的集装箱翻箱研究结论无法直接用于衡量堆存配置对场桥的影响，本研究开发了一个离散事件仿真模型来评估各种因素对集装箱翻箱和空间分配的影响，并提出一个近似求解方法，将仿真结果融入混合整数规划模型。基于灵活分配策略与考虑翻箱因素的优化模型，本研究将堆场空间分配这一决策进行优化。

本研究提出了考虑集装箱翻箱影响的堆场空间分配问题，首次在堆场分配这一规划层面决策中，考虑倒箱这一运营层面因素，所得结果更加符合实际场景。特别是在繁忙时段，本研究避免了过度分配导致的计划混乱。该研究对各大集装箱码头的堆场分配决策具有普适性与重要价值。

第三节　问题描述与建模

一、问题描述

本研究的关键问题是短期规划中的堆场空间分配问题，我们需要分别决策船舶与空间的预留关系、集装箱在空间中的分配数量，以及场桥的分配数量。由于在做短期规划时，码头没有办法获得足够精确的信息，因此我们定义每 8 个小时为一个时间单位，并将一天分为 3 个时段，即 0 时到 8 时、8 时到 16 时、16 时到 24 时。

在现有的空间分配研究及码头实际作业模式中，港口将一个区块分为多个固定尺寸与位置的子区域，并将子区域唯一预留给单独的一艘船。Ku 等人在其研究中提出了按照贝位分配空间的想法，但由于每个区块及整个堆场贝位很多，用贝位分配空间难以求解。因此，本研究在贝位的基础上，扩展出一种灵活空间分配的概念：相对于子区域的固定空间边界，我们定义了一个区段概念，且区段的边界可随着船只需求在规划期内进行动态调整。

图 4-2 展示了如何基于区段概念在堆场划分空间。区段按照一定顺序依次排列，每个区段有左右边界，区段之间无重叠交叉。为了提高空间利用率，一个贝位中的多个堆垛可以与相邻的区段共享，因此边界的位置不一定是一个整数，即贝位数。此外，由于是短期规划决策，集装箱数量仍存在一定不确定性，因此此时确定的位置在实时作业时仍然可以微调，将边界取连续值不会对堆场作业产生影响。

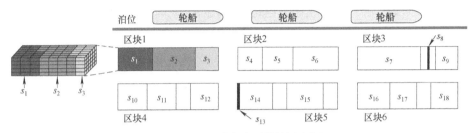

图 4-2　基于区段概念对堆场划分空间

如图 4-3 所示，每个区块深度为 r 行，长度为 l 贝位（每个贝位对应 20 英尺$^{\ominus}$大小集装箱的长度），因此存在 rl 个地面堆存位置。此外，每堆最高可以堆到 h 层，因此，以 20 英尺标箱为单位（即 1 个 TEU）表示的总容量为 $c^s = rlh$。假设每个区块可分为 m 个区段，每段最多有 p 个贝位。因此，每个区段 s 的索引为

$$s = m(b-1)+i \tag{4-1}$$

式中，b 是区块索引；i 是区块中的区段序列。

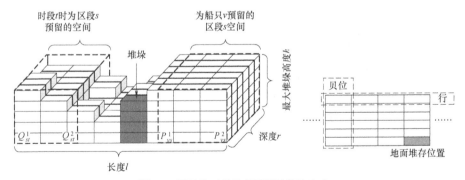

图 4-3　区块的三维示意图及区段的定义

例如，在图 4-2 中，有 6 个区块，并且每个区块最多可以有三个区段，如果所有区段都分配了集装箱，则最多可以有 18 个区段，但各段的边界不必相互重合，如 s_{11} 和 s_{12} 在第 4 区块中没有占据整个空间，因此 s_{11} 和 s_{12} 的边界不重合。此外，区段不一定会一

─── 1 英尺= 0.3048m

直占用空间，如区块 5 中的 s_{13} 未占用任何空间，因此其左右边界重合。

　　我们假设区段是根据集装箱的装载船只进行预留，并且在任何时段中，每一个区段最多只能为一艘船预留。对于每艘船 v，我们假设预留期为 $t \in t_v^r$，涵盖了集装箱从一艘船卸下时的卸载期，以及这些集装箱再被装上船 v 时的装货期 $t \in t_v^l$。当船舶离开时，这艘船占用的空间将会释放并可供其他船舶预留。图 4-4 展示了区块内在时间与空间维度预留的示意。为了简化问题同时又不失一般性，我们在该问题中只考虑两种尺寸的集装箱，即 20 英尺标箱（$d_v = 1$）和 40 英尺标箱（$d_v = 2$），并且每艘船将装载一定数量的两种尺寸的集装箱。通常相同尺寸的集装箱会堆放在一起，为了简化建模过程，我们将每艘船替换成两艘一模一样的船：①每艘船仅装载一种尺寸的集装箱，集装箱尺寸为 d_v，总量为 w_v；②两艘船的预留期和装载期完全相同；③每艘船携带的集装箱属于多个集合，集合数量为 n_v 且是一个整数值。当然，用两艘虚拟船替换原始数据仅为了建模方便，这个方法并不会改变求解结果。根据同质性规则，属于同一个集合集装箱将优先堆存在一起，以便场桥可以集中地快速存取这些集装箱。如果在堆存时违反了同质性规则，意味着不同集合的集装箱会相互阻碍，相当于增加 n_v 的值。在最坏的情况下，n_v 的值等于 w_v 的值，这意味着集装箱是完全随机储存的。

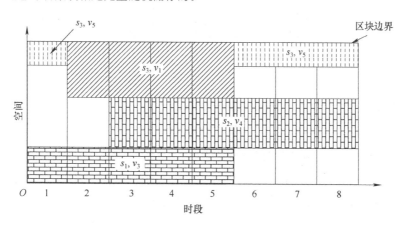

图 4-4　区块内在时间与空间维度预留的示意

　　在图 4-3 中，为了提高空间利用率，我们定义了两种类型的边界。我们定义了分配给船只 v 的区段 s 的 P 边界，其中 P_{vs}^1 和 P_{vs}^2 分别代表左右边界，左右边界中间的空间即是预留的空间。当该区段及相应的空间已经为某艘船预留，在船舶离开之前，该空间将不会接受来自其他船舶的任何集装箱。因此，在指定船舶的关联时段内，P 边界的位置将始终保持不变。同时，我们定义了 s 区段在 t 时段的 Q 边界，其中 Q_{st}^1 以及 Q_{st}^2 分别代表左右边界，表示每个时段 t 内的区段空间占用情况。在任何时段中，同一个区块中的各个区段空间占用不能有任何重叠，因此必须将不重叠的约束应用于 Q 边界。由于时间维度上的约束比船只维度上的约束优先级更高，因此对于同一个区段来说，它的 Q 边界需要包含 P 边界，才能在 P 边界和 Q 边界之间建立约束关系。

图 4-5 举例说明了两种类型边界之间的关系。$Q_{2,5}^\bullet$ 表示第 5 时段第 2 区段的边界，$Q_{3,5}^\bullet$ 表示第 5 时段第 3 区段的边界。$P_{3,2}^\bullet$ 表示第 2 区段分配给 3 号船的边界，$P_{1,3}^\bullet$ 表示第 3 区段分配给 1 号船的边界。假设第 2 区段和第 3 区段位于同一个区块，第 2 区段位于第 3 区段的左侧。如果在第 5 时段期间，3 号船被分配给第 2 区段，1 号船被分配给第 3 区段，那么我们可以得出 $Q_{2,5}^1 \leq P_{3,2}^1 \leq P_{3,2}^2 \leq Q_{2,5}^2 \leq Q_{3,5}^1 \leq P_{1,3}^1 \leq P_{1,3}^2 \leq Q_{3,5}^2$。

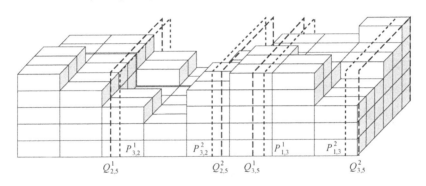

图 4-5　两种类型边界之间的关系

为了便于说明，图 4-5 中的两种类型的边界之间有一个很小的间隙，但实际上，$Q_{2,5}^1$ 和 $P_{3,2}^1$、$P_{3,2}^2$ 和 $Q_{2,5}^2$ 等可以重合。为了避免场桥的潜在的作业冲突，Han 等人要求在同一区块的两台场桥不能在相邻的子区块内同时工作。在本研究中，我们确保在同一区块、同时有作业任务的区段之间有一个最小的距离，保障场桥不会相互干扰。例如，假设船舶 3 和船舶 5 都在此时段内需要作业，那么应保证 $Q_{3,5}^1 - Q_{2,5}^2 \geq q$，$q$ 表示相邻段之间的最小距离，单位是贝位。

对于堆场空间分配问题，我们需要做出以下决策：

1）在每个时间段内如何将船舶分配给区段（0-1 变量 X_{vst}）。

2）如何将船舶 v 的集装箱分配到区段 s（连续变量 W_{vs}）。

3）为每个区段分配多少空间（P 边界和 Q 边界相关的连续变量）。

4）场桥分配数量（0-1 变量 Y_{st}）。

基于 Jiang 等人提出的研究目标，即使超出空间与作业能力限制最小化，本研究的目标函数是最小化无法处理的集装箱数量（船只 v 无法满足的集装箱数量为 U_v，与船只 v 有关的所有区段的 W_{vs} 加上 U_v 的总和，应等于船只 v 的集装箱总量 w_v）。集装箱无法完成装卸主要是由于场桥作业效率限制、堆存容量限制，或两者同时不足。不过，当总作业量较低时，无论是否考虑翻箱，目标函数的值可以为零。只有在总作业量较高或堆场资源较为紧张时，才会出现无法完成装卸的问题。

二、仿真建模

随着电脑计算能力的提升，仿真建模已经可以根据实际操作规则（即同质性规则）精确模拟堆场装卸操作，并在不同的场景中研究影响场桥吞吐量的各种因素。场桥的吞吐量也可以用场桥额外作业次数来表示。

直观来说，堆场翻箱受到目标批次集装箱的平均堆垛高度和集装箱集合数量的影响，而平均堆垛高度则取决于预留的地面空间（根据地面堆存位置的数量）和目标批次中的集装箱总数。如果一批集装箱可以分为多个集合，则大概率需要从下层优先取箱，翻箱作业的概率更大；在极端情况下，如果一批集装箱全部属于一个集合，那抓取任意一个集装箱没有任何区别；在另一个极端情况下，如果每个集装箱属于一个集合，那么场桥则会频繁翻箱。因此，集装箱集合的数量将强烈影响翻箱操作。通常我们可以假设集装箱集合数量和其他集装箱作业信息，并在船舶到达码头之前提供给码头运营商。集合数是一个整数，其值取决于目标船舶，记为 n_v。此外，在实际操作中，不同尺寸的集装箱不堆存在同一堆垛和贝位中，也很少堆存在同一个子区块中，因此我们可以假设目标批次集装箱的尺寸相同（即 20 英尺或 40 英尺的标箱）。因此，非生产性移动的次数（或额外的场桥移动的次数）可由三个因素计算得出，即预留空间、待装载集装箱的数量和待装卸集装箱集合的数量，即

$$非生产性移动次数 = f\left(r\frac{P_{vs}^2 - P_{vs}^1}{d_v}, \quad W_{vs}, \quad n_v \right) \tag{4-2}$$

式中，$r\dfrac{P_{vs}^2 - P_{vs}^1}{d_v}$ 是船舶 v 保留的区段 s 地面空间的大小；W_{vs} 是储存在区段 s 中的 v 号船的集装箱数量；n_v 是 v 号船的集装箱集合的数量。

通过仿真建模方法模拟集装箱堆存与取走的过程可以获取相关数据。随机生成一系列的堆放方案（即一批集装箱已经按照一定规则堆放完毕，并等待取走），产生方案的

最佳方式是根据实际作业的规则，如同质性规则，而非完全随机堆垛。因此，该仿真模型将首先根据预先定义的规则模拟堆垛作业，然后再根据相应的规则模拟集装箱取出作业，最终输出岸桥非生产性移动的次数。仿真模型的流程如图 4-6 所示。

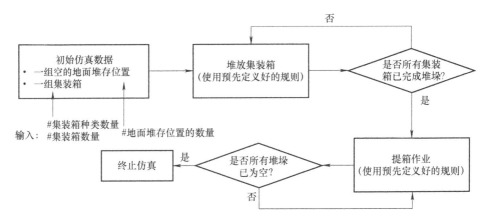

图 4-6　仿真模型的流程

在堆垛作业过程中，仿真主要采用同质性规则并将具有相同属性、类别的集装箱紧密的堆放在一起，以模拟现实生产环境下的堆垛操作。规则具体描述如下：

1）对于当前集装箱，寻找包含相同集合集装箱的所有可用堆，选择拥有其他集合集装箱最少的堆。如果当前集装箱与相同集合集装箱被其他集合集装箱分隔，则通过预翻箱操作将不同集合集装箱取走，并放到其他堆上。

2）如果不满足上述条件，则查找一个空堆存放。

3）如果不满足上述条件，则查找当前堆叠高度最高且可用的堆。

在提箱作业过程中，提箱的顺序不是完全随机的。在现实生产过程中，提箱顺序是由船舶配载计划和岸桥装载顺序共同决定的，在一定程度上也遵循同质性规则，即通常会将同一集合的集装箱一起提走。因此，仿真模型应用以下规则来模拟实际的提箱操作：

1）场桥将同集合的集装箱逐批提走，而提取顺序随机生成。

2）场桥总是优先提取阻碍最少的堆，并将所有阻碍提取目标集装箱的其他集装箱移动到与其他拥有同集合集装箱的可用堆上，或者移动到堆叠高度最低的堆上。

由此可以得到一系列非生产性移动的次数与 3 个因素的数据。在后面的章节我们将讨论如何将这些数据应用到优化问题中。

三、优化建模

基于以上问题的定义，建立一个用于短期规划的灵活堆场空间分配问题的数学模型。该模型在混合整数规划模型的基础上，增加了基于仿真数据拟合的线性约束。该模型有以下假设：

1）船舶信息已知，如在港时间、装货时间段。

2）每条船的载货信息已知，如不同尺寸下的集装箱数目，以及集装箱集合数量。

3）考虑两种尺寸的集装箱，即 20 英尺标箱和 40 英尺标箱。

4）每个区段在每个时段只能预留给一条船。

5）每个区段在每个时段最多允许一台场桥作业。

6）任意区段之间不存在空间的重叠。

（一）模型参数

模型参数见表 4-1。

表 4-1　模型参数

参　　数	定　　义
V	船舶的集合，索引 $v \in V$
S	区段的集合，索引 $s \in S$
B	区块的集合，索引 $b \in B$
k_b	区块 b 的区段集合
T	时段的集合，索引 t
t_v^r	给船舶 v 预留空间的时段的集合
t_v^l	船舶 v 可装载集装箱的可用时段的集合
w_v	船舶 v 的装载量
d_v	船舶 v 的集装箱尺寸
n_v	船舶 v 的集装箱集合数量
c^s	区块存储容量
c^h	每个时段场桥作业能力
l	区块长度（最大贝位）
r	区块深度（最大列数）
g	每个区块可以拥有的最大区段数
h	最大堆存高度
p	每个区段的最大贝位数

（续）

参　数	定　义
e	可分配给每个区块的场桥最大数量
u	所有可分配场桥的数量
q	同一区块内两台场桥之间的最小距离
M	一个较大的数

（二）决策变量

决策变量见表 4-2。

表 4-2　决策变量

参　数	定　义
X_{vst}	0-1 变量，$X_{vst}=1$ 表示在时段 t 期间将船舶 v 分配给区段 s
W_{vs}	连续变量，区段 s 船舶 v 的集装箱分配量
U_v	连续变量，船舶 v 的无法处理的集装箱量
P_{vs}^1，P_{vs}^2	连续变量，船舶 v 在区段 s 中预留空间的起点和终点位置
Y_{st}	0-1 变量，$Y_{st}=1$ 表示在时段 t 期间为区段 s 分配了一台场桥
Q_{st}^1，Q_{st}^2	连续变量，区段 s 在时段 t 中的起始位置和结束位置

（三）数学模型

目标函数：

$$\min \sum_{v \in V} U_v \tag{4-3}$$

约束条件：

式（4-4）表示一艘船上的集装箱可以分别堆存在多个区段中，而分配到各区段的集装箱量加上无法处理的集装箱量 U_v，即为船舶携带的集装箱总量。式（4-5）和式（4-6）用于根据船舶预约的时段来预留区段：

$$\sum_{s \in S} W_{vs} + U_v = w_v, \quad \forall v \tag{4-4}$$

$$W_{vs} \leqslant w_v X_{vst}, \quad \forall v,s,\ t \in t_v^r \tag{4-5}$$

$$\sum_{v \in V} X_{vst} \leqslant 1, \quad \forall s,t \tag{4-6}$$

式（4-7）和式（4-8）约束了船舶的区段空间占用及容量关系：

$$\frac{d_v W_{vs}}{rh} \leqslant P_{vs}^2 - P_{vs}^1 \leqslant p, \quad \forall v,s \tag{4-7}$$

$$P_{vs}^1 \leqslant P_{vs}^2 \leqslant l, \quad \forall v,s \tag{4-8}$$

式（4-9）和式（4-10）用于确保在每个时段内，每个区块中的区段没有空间重叠：

$$Q_{st}^1 \leqslant Q_{st}^2 \leqslant l, \quad \forall s,t \tag{4-9}$$

$$Q_{s-1,t}^2 \leqslant Q_{st}^1, \quad \forall s \in k_b, \forall b,t \tag{4-10}$$

式（4-11）和（4-12）用于在每个时段的区段占用与船舶的区段占用进行关联：

$$Q_{st}^1 \leqslant P_{vs}^1 + M(1 - X_{vst}), \quad \forall v,s,t \tag{4-11}$$

$$P_{vs}^2 - M(1 - X_{vst}) \leqslant Q_{st}^2, \quad \forall v,s,t \tag{4-12}$$

式（4-13）用于限制在同一区块内工作的任何两台场桥有最小的间距：

$$q - M(2 - Y_{s_1t} - Y_{s_2t}) \leqslant Q_{s_1t}^1 - Q_{s_2t}^2, \quad \forall s_1,s_2 \in k_b, s_1 > s_2, \forall b,t \tag{4-13}$$

式（4-14）确保船舶装货期间所需的场桥移动次数不会超过场桥最大装卸能力：

$$f\left(r\frac{P_{vs}^2 - P_{vs}^1}{d_v}, W_{vs}, n_v\right) + W_{vs} \leqslant c^h \sum_{t \in l_v} Y_{st}, \quad \forall v,s \tag{4-14}$$

式（4-15）和式（4-16）用于控制每个区块中场桥的最大工作数量及码头内的场桥工作的总数：

$$\sum_{s \in k_b} Y_{st} \leqslant e, \quad \forall t,b \tag{4-15}$$

$$\sum_{s \in S} Y_{st} \leqslant u, \quad \forall t \tag{4-16}$$

四、考虑翻箱影响的优化建模

为了将翻箱造成的影响纳入优化模型中，本研究采用了仿真提供优化的输入方法对仿真数据与混合整数规划模型进行处理。不过，由于场桥作业效率与三种因素相互影响具有复杂的关系，同时堆垛与提箱过程中有很大的不确定性，我们难以基于精准的数学方法建立 $f\left(r\dfrac{P_{vs}^2 - P_{vs}^1}{d_v}, W_{vs}, n_v\right)$ 的表达式。因此，我们基于大量的仿真输出数据，提出了一种近似的方法建立经验模型，使翻箱对场桥作业效率的影响可以转化为混合整数规划模型中的线性约束。

（一）集装箱翻箱约束

为了建立上述表达式的经验模型，首先将地面堆存位置的数量、待堆存集装箱总数和集装箱集合数量作为场景输入参数，通过一定规则生成一系列场景。然后，使用仿真模型对每个场景进行足够多的实验，以获得不同场景下场桥额外作业次数，即非生产性移动次数。在图 4-7 中，固定集装箱集合的数量（如这一批次集装箱包含 350、400、450

或 500 个集合），通过改变地面堆存位置数量、批次集装箱总数，即可绘制各个子图。其中，每个子图的 x 轴表示地面堆存位置数量，y 轴表示批次集装箱总数，z 轴表示场桥非生产性移动次数。从各个子图中可以分析得出，场桥非生产性移动次数与地面空间大小呈负相关关系，与集装箱数量呈正相关关系。这种关系是合理的，由于地面空间越小、集装箱数量越多，堆垛高度就会越高，会相应地产生更多的翻箱。而当地面空间大小和集装箱数量固定时，场桥的非生产性移动次数与集装箱集合数量呈正相关关系，即堆得越杂乱，越需要频繁翻箱。

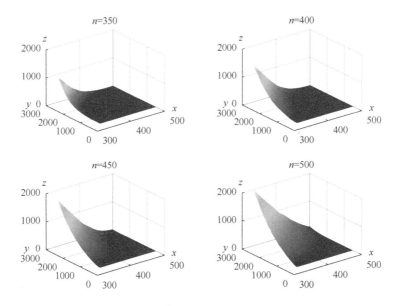

图 4-7 各种场景下的仿真结果

虽然这些关系看起来很简单，但无论是物理方程、数学公式还是曲线拟合方程都无法准确地描述翻箱操作。由于不可能对所有场景进行无限数量的仿真实验，即无法对决策过程中的所有解提供输出结果，例如，虽然我们对 $n=300$ 等值做了实验，但是仍然缺少其他值如 301、302、303 等数据的输出。因此，我们仍然需要寻找一种方法去近似这些缺失的数据。Zhou 等人提出了一种线性组合方法，以拟合由足够数量的仿真结果形成的曲面上的未知数据点。然而，由于集装箱集合数量、集装箱总量和地面堆存位置这三个因素都是连续变化的变量，因此本研究需要一个改进的近似方法来估计未知数据点。

对于给定的输入，如 x'，y'，n'，我们需要使用 $z'=f(x',y',n')$ 预估非生产性移动次数。如图 4-8 所示，为了在不损失一般性的情况下估计此函数，可以利用一些 (x,y) 对将 (x,y)

平面均等划分为更小的区域。通过仿真实验，可以获得不同 (x,y,n) 点的 z 值。通过选择 (x,y) 平面中的一个最小区域，如一个三角形，可以在与 n 有关的两个表面上，找到一个具有 6 个顶点（表示为 $z^{p,i}=f(x^{p,i},y^{p,i},n^{p,i})\ i=1,\cdots,6$）的唯一紧致多面体 p，并用这个多面体的顶点来估计插值 $z'=f(x',y',n')$。

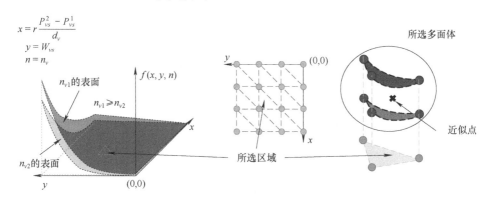

图 4-8　近似方法的示例

但准确性和计算复杂性无法同时满足。通过选取更多的 (x,y) 对，可以在 (x,y) 平面上划分出更小的区域，进而得到更小的多面体。虽然较小的多面体可以得到待估计点更精确的插值估计（也是对现实翻箱关系更为精确的估计），但这样也将增加优化模型的计算复杂性，同时使求解最佳解决方案所需的时间大幅提升。

综上，我们可以将翻箱模型约束表示如下：

$$\sum_{\forall p}\sum_{\forall i}\delta_{p,i}z^{p,i} \leqslant f(x',y',n') \tag{4-17}$$

$$x'=\sum_{\forall p}\sum_{\forall i}\delta_{p,i}x^{p,i} \tag{4-18}$$

$$y'=\sum_{\forall p}\sum_{\forall i}\delta_{p,i}y^{p,i} \tag{4-19}$$

$$n'=\sum_{\forall p}\sum_{\forall i}\delta_{p,i}n^{p,i} \tag{4-20}$$

$$\sum_{\forall i}\delta_{p,i}=Z_p,\quad \forall p \tag{4-21}$$

$$\sum_{\forall p}Z_p=1 \tag{4-22}$$

式中，p 是多面体的索引；i 是每个多面体内顶点的索引；Z_p 是 0-1 变量，$Z_p=1$ 代表选中了多面体 p；$\delta_{p,i}$ 是一个介于 0 和 1 之间的连续变量，表示多面体 p 中顶点 i 对应的权重。

式（4-17）～式（4-21）表示在多面体 p 中翻箱模型的线性插值。式（4-22）表示只能选择一个多面体。

（二）考虑翻箱影响的优化建模

基于约束条件式（4-17）～式（4-22），我们现在可以从式（4-14）中将 $f\left(r\dfrac{P_{vs}^2-P_{vs}^1}{d_v},W_{vs},n_v\right)$ 替换。由于该近似方法需要用在每个区段中，需要对相关约束条件进行修改，最终得到一个考虑翻箱影响的堆场空间分配问题的混合整数规划模型。目标函数如下

$$\min \ \sum_{v\in V}U_v \tag{4-23}$$

约束条件包括式（4-4）～式（4-13）、式（4-15）和式（4-16），以及以下约束：

$$\sum_{\forall p}\sum_{\forall i}\delta_{v,s,p,i}z^{p,i}+W_{vs}\leqslant c^h\sum_{t\in t_v^1}Y_{st},\quad \forall v,s \tag{4-24}$$

$$r\frac{P_{vs}^2-P_{vs}^1}{d_v}=\sum_{\forall p}\sum_{\forall i}\delta_{v,s,p,i}x^{p,i},\quad \forall v,s \tag{4-25}$$

$$W_{vs}=\sum_{\forall p}\sum_{\forall i}\delta_{v,s,p,i}y^{p,i},\quad \forall v,s \tag{4-26}$$

$$n_v=\sum_{\forall p}\sum_{\forall i}\delta_{v,s,p,i}n^{p,i},\quad \forall v,s \tag{4-27}$$

$$\sum_{\forall i}\delta_{v,s,p,i}=Z_{v,s,p},\quad \forall v,s,p \tag{4-28}$$

$$\sum_{\forall p}Z_{v,s,p}=1,\quad \forall v,s \tag{4-29}$$

（三）计算复杂度证明

如果场桥作业不受翻箱作业的影响，则在上述模型中，场桥的处理能力 $f(\cdot)$ 是一个常数。此时，船舶泊位分配问题是堆场空间分配问题在只有一个区块情况下的特例。Lim 证明船舶泊位分配问题是 NP 完全问题并提出一个例子，即泊位分配在空间上是连续的，时间上可离散为五个区间；对本研究而言，堆场空间分配在时间上是连续的，在空间上可分配在多个离散的区段中。因此，不受翻箱影响的堆场空间分配问题是 NP 难问题，在加入翻箱约束后，堆场空间分配问题仍然是 NP 难问题。不过，船舶泊位分配问题的求解方法不能直接应用于我们的问题。我们的问题涉及：

1）需要分配区段到船舶并确定每个区段的空间大小。

2）需要决策多个区块的分配。

3）需要考虑翻箱影响的新约束。

第四节 求解方法

由于问题与模型的复杂性，在规定的时间内求出以上优化问题的最优解难度较大，因此直接在实际码头作业中应用该模型进行求解并不实际。同时，鉴于短期规划内信息频繁更新的特点，探索高效的规划决策求解方法成了后续研究的关键。

完整优化问题的求解过程通常会面临如多个子问题耦合、变量多、解空间大等挑战。对于完整优化问题，求解小规模算例需要大量运算时间，而求解基于现实场景的大规模算例则经常会出现无可行解、内存不足等问题。在本研究中，堆场空间分配问题包含了三个子问题：同时在空间和时间维度，如何将区段分配给指定船舶、如何确定每个区段的集装箱分配数量、如何分配场桥。为此，我们提出了基于策略的优化方法。相对于整体求解原问题，该方法采用特定的策略求解某个子问题并将相关决策变量转化为常数，进而求解剩余的优化问题。具体看，我们提出了两种基于经验的分配算法用于快速决策区段的分配，并将相关变量固定，再求解混合整数规划模型，从而快速找到最终解决方案。同时，为了进一步提升解的质量，我们还尝试在现有算法基础上加入粒子群算法。

一、经验分配算法

如图 4-9 所示，经验分配算法的关键在于首先实现区段与船舶的快速分配，进而求解数学模型。作为堆场空间分配问题中的两大重要资源，场桥作业能力和集装箱存储能力分别受场桥最大数量和最大贝位数量限制。因此，在做出区段分配决策时考虑场桥分配决策尤为重要。

具体的运行过程是将区段按顺序依次分配给选定的船舶。通常情景下，由于货物最多的船舶需要占用更多的堆存空间，因此经验分配算法首先将区段分配给货物最多的船舶。然而当第一区段分配完成后，继续分配同一艘船舶可能会导致部分船舶最终因总堆存空间不足而无法分配。因此，我们将剩余集装箱与船舶总工作量的比率定义为剩余集装箱比率，在每次分配后更新对应船舶的剩余集装箱比率，并在下次分配时，选择剩余集装箱比率最大的船舶分配到可用区段。

在根据剩余集装箱最大比率选择船舶后，我们需要检查这艘船舶是否能够占据一个区段，并分配一个场桥。这个流程首先会检测场桥能否分配到船舶任意的装载时段，然后检查在与船舶有关的预留时段是否有足够的堆存容量。因为分配到每个区块和整个堆场的场桥有最大数量限制，所以并非所有的装载时段都可以分配到场桥。这里，我们将可分配到场桥的装载时段定义为可用装载时段。基于此，该操作流程首先检测场桥是否可以分配到任何装载时段和所有船舶预留时段的堆存容量。如果没有装载时段可以分配到场桥，即如果在任何保留时段内，可用装载时段的数量为 0 或者堆存容量无法满足，则该流程需要检测下一个区段。

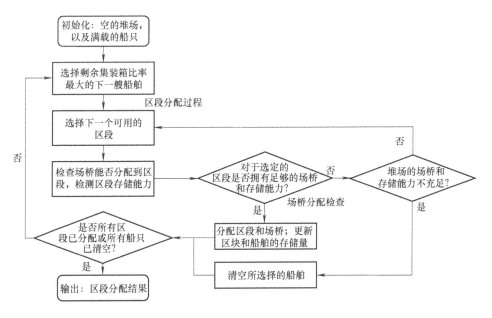

图 4-9　经验分配算法流程

如果该区段被检测可用，它将分配给船舶，同时更新船舶与对应区块的信息。不过，在这个过程中分配给区段的集装箱数量仅为近似估计。由于区段空间大小、场桥效率及集装箱数量等变量相互之间的复杂关系，在没有完全分配集装箱到各个区段之前，我们无法精准确定每个区段分配的集装箱数量。因此，我们利用 $\min(\lambda c^h, rhp, \pi, \omega)$ 来近似被分配到该区段的集装箱数量。其中，λ 表示可用装载时段的数量，π 表示在各个预留时段内最小的剩余堆存容量，ω 表示船舶上的剩余工作量。图 4-10 给出了场桥分配检查的一个具体示例：

在图 4-10a 中，假设每个区块的最大区段数 $m=3$，并首先将第一艘船舶 v_1 匹配到区块 b_1 中的 s_1 区段。由于该时刻不存在其他分配任务，因此两个装载时段可以分配给同一台场桥从而被视为可用装载时段。同时，利用公式 $W_{11} = \min(2c^h, rhp, c^s, \omega_1)$ 更新集装箱近

似分配量 W_{11}。在图 4-10b 中，第二艘船舶 v_2 的检查流程与第一艘船相似，拥有三个可用装载时段，在更新集装箱近似分配量时，区块 b_1 中的剩余容量为 $c - W_{11}$；在图 4-10c 中，当进行第三艘船舶 v_3 和区段的分配时，由于受到每个区块最大场桥数量 e 的限制，在 t_4 和 t_5 时段内，不存在可以分配给 v_3 的场桥。因此需要将 v_3 分配至另一个区块。在图 4-10d 中，对于船舶 v_4，尽管区块 b_1 中存在一个违反单位时间内区块最大场桥数量 e 的时段，但仍有两个时段可以分配给场桥并作为可用装载时段，因此船舶 v_4 仍然可以被分配至区块 b_1。

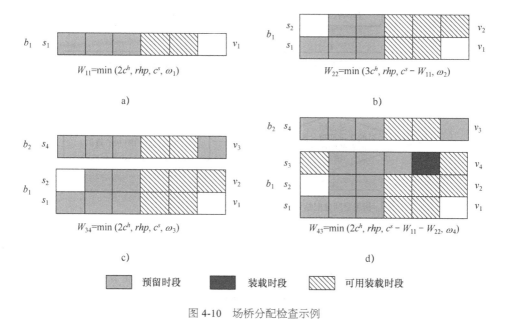

图 4-10　场桥分配检查示例

当采用经验分配算法解决区段分配决策后，决策变量 X_{vst} 可以转化为常数用于后续问题求解，而余下的数学模型可以很容易用商业求解器 CPLEX 求得最优解。

二、改进的经验分配算法

经验分配算法的主要思想是首先求解船舶和区段的分配问题，然后利用给定的分配结果简化原始的堆场空间分配问题，从而实现快速求解。该算法基于"贪婪思想"，根据一种规则按顺序依次分配空间，然而过多的步骤是该算法的主要劣势。

我们在改进的经验分配算法中提出了区块模板的概念。先前的分配算法每次为一艘船选择一个区段分配堆存空间，改进方案则是为一个区块选择唯一的模板，用于给区块内的多个区段分配一艘或多艘船。与上一节的算法相比，该算法同样考虑在整个规划期内如何将船舶分配至区段，将区段与船舶配对问题转化为区块模板的分配问题。该算法存在两个优点：其一，预定义的区块模板可以覆盖所有可能的区段分配场景，相比于经验分配算法提供了更多的可选决策；其二，可以对区块模板进行预处理，只要船舶到港计划和码头布局配置保持不变，预定义的区块模板可以被重复使用。改进的经验分配算法流程如图 4-11 所示。

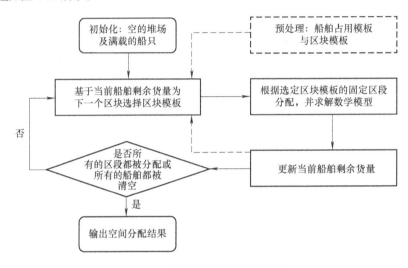

图 4-11 改进的经验分配算法流程

为了生成区块模板，首先，我们为每个区段在整个规划期内生成船舶占用模板。图 4-12a 给出了一个区段的四种可能船舶占用模板，即 (v_3)，(v_2)，(v_1, v_4) 和 (v_5)。根据船舶占据区段时间的长短，船舶占用模板可以是单个船舶，如 (v_3)，(v_2) 和 (v_5)，也可以是两艘船共享，如 (v_1, v_4)，只要满足两艘船在时间上没有重叠即可。

其次，我们通过将船舶占用模板分配给区段，并生成区块模板。假设该区块最多可以有三个区段，则可以利用船舶占用模板随机生成四种区块模板。图 4-12b 所示为从图 4-12a 中四种船舶占用模板生成的区块模板中的两个例子：$((v_2), (v_3), (v_1, v_4))$ 和 $((v_2), (v_1, v_4), (v_5))$，其中图 4-12b 未给出的两个区块模板为 $((v_2), (v_3), (v_5))$ 和 $((v_3), (v_1, v_4), (v_5))$。由于船舶占用模板的数量有限从而决定了区块模板的数量也是有限的。

最后，算法为每个区块分配一个区块模板，并依次确定区块的空间和场桥分配。因为所有的区块都是相同的，所以对区块和区块模板的分配可以基于任意顺序。为了计算选定区块的空间与场桥分配，我们可以根据当前船舶的剩余货量，基于选定的区段分配方案求解数学模型。由于区段的总数量为 m，且所涉及的船舶数量受区块模板的限制，因此采用 CPLEX 求解模型会十分高效。最后，当所有的区块被填满或者所有的船舶为空时，算法终止。

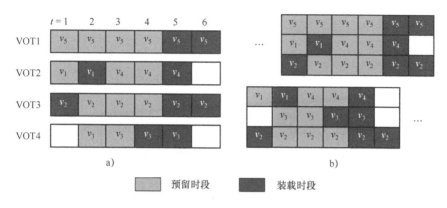

图 4-12 船舶占用模板和区块模板的示例

三、混合粒子群优化算法

为了进一步应用启发式算法改进运算结果的质量，我们将改进的经验分配算法与粒子群算法相结合，利用改进的经验分配算法获得一个优质的初始分配决策以提高粒子群算法的收敛速度。

（一）标准粒子群算法

粒子群算法是一种模拟群鸟寻找食物来源行为的群智能算法，被广泛应用于解决各类连续和非线性优化问题。在 D 维搜索空间中，有 G 个粒子，每个粒子代表一个解，并可以表示为 $L_{gd}=(l_{g1},l_{g2},\cdots,l_{gD})$，$g=1$, 2, $\cdots$, G，代表问题的解。粒子通过更新其位置和速度来寻找解空间中的最小适应值。每个粒子的速度受个体最佳位置和全局最佳位置的影响，速度和位置的更新方法为

$$u_{gd}^{k+1} = w^k u_{gd}^k + a_1 r_1 (p_{gd}^k - l_{gd}^k) + a_2 r_2 (p_d^{best} - l_{gd}^k) \tag{4-30}$$

$$l_{gd}^{k+1} = l_{gd}^k + u_{gd}^{k+1} \tag{4-31}$$

式中，l_{gd}^k，u_{gd}^k 是粒子 g 在第 k 次迭代中在第 d 维的位置和速度；w^k 是反映粒子运动的惯性系数；p_{gd}^k 是粒子 g 在第 k 次迭代中第 d 维的个体最佳位置；p_d^{best} 是在第 d 维上找到的全局最佳位置。

个体和全局最佳位置的收敛速度之间的平衡由加速度参数 a_1 和 a_2 控制，随机数 r_1 和 r_2 由均匀分布 $U(0,1)$ 生成，以避免陷入局部最优解。为了防止粒子跳出解空间，位置和速度由式（4-32）和式（4-33）限制。

$$u_{gd}^{k+1} = \begin{cases} u_{\max} & u_{gd}^{k+1} \geqslant u_{\max} \\ -u_{\max} & u_{gd}^{k+1} \leqslant -u_{\max} \\ u_{gd}^{k+1} & \text{其他情况} \end{cases} \quad (4\text{-}32)$$

$$l_{gd}^{k+1} = \begin{cases} l_d^{\max} & l_{gd}^{k+1} \geqslant l_d^{\max} \\ l_d^{\min} & l_{gd}^{k+1} \leqslant l_d^{\min} \\ l_{gd}^{k+1} & \text{其他情况} \end{cases} \quad (4\text{-}33)$$

式中，$u_{\max}$ 是最大速度；$l_d^{\max}$，$l_d^{\min}$ 是粒子在第 d 维中的最大和最小位置。

w^k 与迭代相关，用于在早期迭代中增强粒子搜索能力，在后期迭代中削弱粒子搜索能力，并由式（4-34）更新。

$$w^k = w_{\max} - \left(\frac{w_{\max} - w_{\min}}{k_{\max}} \right) k \quad (4\text{-}34)$$

式中，$k_{\max}$ 是预设的最大迭代次数；$w_{\max}$ 和 $w_{\min}$ 分别是设置为 1.3 和 0.7 的上限和下限惯性系数。

（二）为解进行编码

将粒子群优化算法应用于本问题的关键挑战是建立区段分配决策与粒子群之间的映射。因此，我们基于区段数量对粒子群中的每个个体进行编码，以表示区段的分配，粒子的维度与区段总数相等，粒子维度序号 d 即表示区段序号粒子的每个维度 l_d 是从 0 到船舶数量范围内的实数，而整数表示船舶的索引。具体而言，l_d 表示在船舶预留时段内，区段 d 将会预留给船舶 $\lfloor l_d \rfloor + 1$。如果两艘船的预留时段完全不同，它们可以分配给同一个区段，因此我们将会把这些船只合并成一个虚拟船。例如，假设有 3 个区段和 4 艘船，其中船 4 是一艘虚拟船代表船 1 和 3 的组合。因此，在解 $L = \{2.3, 0.8, 3.3\}$ 中，$\lfloor l_3 \rfloor + 1 = 4$ 表示区段 3 在其预留时段内分配给船 1 和 3。

（三）终止条件

为了控制求解时间，我们设定了两个终止条件：迭代达到预定的最大迭代次数和在预定的迭代次数内全局最优解数值没有改善。如果满足其中一个条件，混合粒子群优化算法将停止。

第五节 数值实验

本节将先介绍实验参数设计和场桥翻箱的仿真结果，然后在不同场景中评估以上算法的性能。其中，在小规模场景下，我们利用 CPLEX 商业求解器求解数学模型，并与所提出的算法进行对比。同时，我们通过灵敏度分析评估考虑翻箱与不考虑翻箱，以及区块内最大区段数两方面对决策的影响。在大规模场景下，由于运算时间限制的原因，我们将基于 CPLEX 得到的最佳可行解（BFS）和下界值（LB）作为基准进行比较。最后，我们以一个包含 60 个区块的码头实际场景作为算例，对算法进行测试。

为了方便表示，每个算法的缩写如下：CPLEX 运算最优解（CPLEX）、CPLEX 求解不考虑翻箱的模型（CWOR）、经验分配算法（EAA）、改进的经验分配算法（IEA）、混合粒子群优化算法（HPSO）、CPLEX 最佳可行解（BFS）、CPLEX 下界值（LB）。

一、实验参数设计

在本研究中，采用不同数量的船舶、区段和时段生成实例。假定每个时段为 8h。对于船舶信息，停泊时长随机生成，预留时段和装载时段则是停泊时间内的连续时段，且装载时段将紧靠船舶计划离港时间。对于船上的货物信息，船的总作业量、集装箱集合数量和集装箱大小分别服从 $w_v \sim U(1000,5000)$，$n_v \sim U(100,500)$，和 $d_v \sim U(1,2)$ 的均匀分布，其中 $d_v=1$ 代表 20 英尺的集装箱，$d_v=2$ 代表 40 英尺的集装箱。

对于码头配置，区段的总数由区块的数量和每个区块的最大区段数决定，即 $N_S = N_B \times m$。随着场桥硬件技术的改进，可以在堆场放置更大的区块，以提高堆存密度。根据码头运营商的信息，我们假设每个区块有 12 排和 50 个贝位，最大堆叠高度为 5 个集装箱。因此，一个区块的存储容量为 3000 个标准箱。同时假设每个区块中的最大区段数为 3 个，根据码头运营商的惯例，场桥通常最多服务连续 20 个贝位，因此，最大区段容量为 1200 个标准箱。场桥的装卸能力为每时段 120 次，即每小时 15 次。

混合整数规划模型采用 IBM CPLEX 12.6.1 进行求解，计算时间限制为 14400s，仿真模型和算法的开发采用 Visual Studio 2015 及 C#语言，模型及算法的求解在一台高性能台式机（英特尔处理器，3.4GHz 主频，128G 内存）上进行。

二、翻箱仿真

基于上述实验设置建立仿真模型进行实验。由于不可能运行无限次数的仿真实验，因此我们将基于表 4-3 中所列出的每个输入参数的值进行实验并获得 105 个数据点，用这些点组成 80 个多面体。

表 4-3　仿真模型的输入信息

输 入 参 数	参 数 值
地面堆存位置数量（x）	0，50，100，150，200，250
集装箱总数（y）	0，250，500，750，1000，1250
集装箱集合数量（n）	100，200，300，400，500

仿真结果如图 4-13 所示。其中，x、y 和 z 轴分别代表地面堆存位置数量、集装箱总数和非生产性移动次数。图 4-13 中每个子图所示的趋势保持一致，且与前文一致，即非生产性移动次数与空间大小呈负相关，与集装箱总数和集装箱集合数量呈正相关关系。结果与猜测相符，即更高的堆叠高度和更多的集装箱集合将导致在卸货过程中产生更多的翻箱作业。

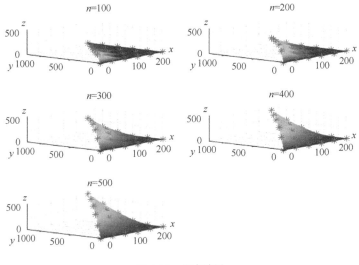

图 4-13　仿真结果

三、数值实验

（一）小规模场景实验

为了评估算法性能，我们首先采用 CPLEX 将所提出算法的目标值和计算时间与考虑翻箱因素的数学模型的最优解进行比较。

表 4-4 展示了相关算法与最优解在小规模场景算例下的效果。表中 v-s-t 定义了算例配置，三个字母分别代表船只数量、区段总数和时段总数。在这个实验里，我们有五个算例组，每组包含了五个随机算例。同一组中的算例具有相同的配置，但船舶参数不同（如载货量、集装箱集合数量、有关时段等）。后续的实验将使用类似的定义。

表 4-4　小规模实验中算法与 CPLEX 结果的比较

v-s-t	CPLEX		HPSO			IEA			EAA		
	目标值	时间	目标值	GAP	时间	目标值	GAP	时间	目标值	GAP	时间
3-9-6	3156	597	3156	0.00%	250	3477	10.17%	106	3663	16.06%	2
	5312	48	5347	0.66%	189	5499	3.52%	107	5516	3.84%	3
	8064	58	8195	1.62%	119	8415	4.35%	108	8188	1.54%	8
	6662	43	6719	0.86%	255	7108	6.69%	109	7110	6.72%	3
	2959	813	2959	0.00%	490	3147	6.35%	111	3347	13.11%	4
3-9-7	9517	46	9517	0.00%	210	9517	0.00%	112	9880	3.81%	4
	4196	143	4228	0.76%	128	4228	0.76%	113	4303	2.55%	3
	6292	89	6320	0.45%	459	6376	1.34%	114	6376	1.34%	12
	1034	619	1034	0.00%	182	1034	0.00%	115	1424	37.72%	3
	6904	500	6904	0.00%	386	6904	0.00%	116	6940	0.52%	5
4-9-7	9261	610	9261	0.00%	181	9261	0.00%	118	9737	5.14%	3
	11375	123	11576	1.77%	345	11576	1.77%	119	12501	9.90%	6
	6812	2013	6983	2.51%	175	6983	2.51%	120	6983	2.51%	6
	10352	2140	10484	1.28%	285	10484	1.28%	121	10851	4.82%	2
	5694	1238	5846	2.67%	193	5846	2.67%	122	5952	4.53%	4
4-9-8	12048	356	12254	1.71%	509	12254	1.71%	123	12474	3.54%	5
	10867	323	10934	0.62%	308	11007	1.29%	124	11082	1.98%	6
	5345	604	5345	0.00%	135	5345	0.00%	126	5528	3.42%	4
	7740	2900	7889	1.93%	303	7889	1.93%	127	7907	2.16%	10
	10986	1347	11048	0.56%	313	11048	0.56%	128	11257	2.47%	8
5-9-9	11586	1256	11714	1.10%	220	11714	1.10%	130	11793	1.79%	6
	13052	1817	13121	0.53%	149	13121	0.53%	131	13449	3.04%	3
	9153	1520	9503	3.82%	144	9808	7.16%	132	9899	8.15%	4
	9321	2605	9321	0.00%	352	9386	0.70%	133	9795	5.09%	3
	9474	1412	9664	2.01%	284	9664	2.01%	134	9672	2.09%	3
平均		929		0.99%	263		2.34%	120		5.91%	5

注：时间的单位是秒，GAP 由（目标值$_{其他}$-目标值$_{CPLEX}$）/目标值$_{CPLEX}$ 计算而得，"其他" 包括 HPSO、IEA 和 EAA 算法。

通过对比 EAA、IEA 和 HPSO 算法发现，HPSO 在其目标值方面是最好的，与最优解的平均差距为 0.99%；IEA 其次，平均差距为 2.34%，同时计算时间更短。虽然各组算例的规模不大，但一些算例表明（如 3-9-6 的第四和第五个算例，5-9-9 的第三个算例），HPSO 对 IEA 的解有显著改进效果。综上，HPSO 和 IEA 能够很好地获得近似最优解。

（二）集装箱翻箱对决策影响

为了说明考虑集装箱翻箱对决策产生的影响，我们引入了另一个对比实验，即使用 CPLEX 求解不考虑翻箱的数学模型（用 CWOR 表示）。为了获得 CWOR 的运算结果，我们需要移除 $f\left(r\dfrac{P_{vs}^2-P_{vs}^1}{d_v},W_{vs},n_v\right)$ 来简化约束条件式（4-14），这意味着场桥在运行期间不需要额外移动。因此，我们将式（4-14）替换为

$$W_{vs}\leqslant c^h\sum_{t\in t_v}Y_{st},\quad\forall v,s \tag{4-35}$$

由于场桥在 CWOR 中的作业量大于 CPLEX 中的作业量，因此在算例相同的情况下，CWOR 的目标值应小于或等于 CPLEX 的目标值。

表 4-5 中 CPLEX 和 CWOR 的结果比较表明，考虑翻箱作业的堆场空间分配会使相关区块减少平均 7.21% 的集装箱堆存量。由于 CPLEX 和 CWOR 在同一算例下具有相同的堆存容量，我们可以得出结论，额外数量的未处理集装箱是场桥在执行翻箱作业过程中产生了大量额外作业，导致场桥效率降低从而无法处理额外数量的集装箱。尽管这些算例对应的实际场景规模相对较小，但如果低估了场桥的真实处理能力，每天无法处理的集装箱可达数百甚至数千个，造成的影响将是巨大的。不仅如此，当场景规模增大时，这一数字预计将迅速增长。因此，在制订空间分配计划时考虑场桥翻箱作业的影响尤为重要。

表 4-5　翻箱作业对决策的灵敏性分析

| v -s -t | CWOR | | CPLEX | | |
	目　标　值	时　间	目　标　值	GAP	时　间
	3063	1	3156	2.95%	597
	4952	1	5312	6.78%	48
3-9-6	7746	1	8064	3.94%	58
	6180	1	6662	7.24%	43
	2689	2	2959	9.12%	813

（续）

v -s -t	CWOR		CPLEX		
	目　标　值	时　间	目　标　值	GAP	时　间
3-9-7	8764	5	9517	7.91%	46
	3997	4	4196	4.74%	143
	5992	1	6292	4.77%	89
	841	1	1034	18.67%	619
	6501	2	6904	5.84%	500
4-9-7	8466	3	9261	8.58%	610
	11219	2	11375	1.37%	123
	5967	5	6812	12.40%	2013
	9798	6	10352	5.35%	2140
	5267	1	5694	7.50%	1238
4-9-8	11658	38	12048	3.24%	356
	10050	2	10867	7.52%	323
	4516	11	5345	15.51%	604
	7020	17	7740	9.30%	2900
	10490	22	10986	4.51%	1347
5-9-9	10809	14	11586	6.71%	1256
	12285	19	13052	5.88%	1817
	8798	34	9153	3.88%	1520
	8799	21	9321	5.60%	2605
	8435	29	9474	10.97%	1412
平均		10		7.21%	929

注：时间的单位是秒，"GAP"由（目标值 $_{CPLEX}$ −目标值 $_{CWOR}$ ）/目标值 $_{CPLEX}$ 计算而得。

（三）区段数对决策的影响

默认情况下，每个区块的最大区段数为3，而这个值将作为灵敏性分析的另一个重要研究因素。为了公平比较，我们将选取几个固定的配置，由船舶数、区块数和时段数来表示（记为 v-b-t ），并分别设置区段数为3、4和5。由于区段数增加到4和5时难以利用CPLEX求解，因此我们用HPSO与CWOR进行了对比测试。结果见表4-6。

HPSO的结果表明，在大多数情况下，目标值随着每个区块区段数的增加而减小。结果表明可以将更多的集装箱放置在堆场中，即每个区块的区段数越大，空间分配就越灵活。然而，区段数的增加也会使找到问题最优解的难度增加。

表 4-6　区段数量的灵敏性分析

v -b -t	区段数 = 3			区段数 = 4			区段数 = 5		
	CWOR	HPSO		CWOR	HPSO		CWOR	HPSO	
		目标值	GAP		目标值	GAP		目标值	GAP
3-3-6	8764	9720	10.91%	8764	9519	8.61%	8764	9519	8.61%
	3557	4417	24.18%	3997	4204	5.18%	3997	4204	5.18%
	5992	6320	5.47%	5632	6251	10.99%	5632	6290	11.68%
	6501	7083	8.95%	6501	6678	2.72%	6501	6678	2.72%
	4414	4671	5.82%	4238	4598	8.49%	4238	4598	8.49%
3-3-7	9445	9985	5.72%	9085	10011	10.19%	9085	9965	9.69%
	4237	4914	15.98%	3517	4332	23.17%	3517	4459	26.78%
	6672	7272	8.99%	6312	6903	9.36%	5952	6979	17.25%
	2665	2787	4.58%	2545	2789	9.59%	2545	2788	9.55%
	7900	8560	8.35%	7540	8454	12.12%	7540	8454	12.12%
4-3-6	6239	6647	6.54%	5879	6162	4.81%	超时无可行解	6162	—
	8100	8620	6.42%	8100	8524	5.23%		8549	—
	11130	11587	4.11%	10770	11430	6.13%		11284	—
	11210	11689	4.27%	11210	11758	4.89%		11758	—
	6319	6679	5.70%	6319	6428	1.72%		6480	—
4-3-7	9071	9438	4.05%	8711	9020	3.55%	超时无可行解	9020	—
	8542	9489	11.09%	8362	9343	11.73%		9201	—
	7651	8386	9.61%	6931	8102	16.90%		8294	—
	5872	6656	13.35%	5152	6322	22.71%		6322	—
	8622	8997	4.35%	8262	9112	10.29%		9112	—

注：GAP 由（目标值 $_{HPSO}$－目标值 $_{CWOR}$）/目标值 $_{CWOR}$ 计算。

（四）中规模场景实验

当场景规模扩大时，CPLEX 无法在 14400s 内求得最优解，但大部分算例仍然可以求出 14400s 内的最佳可行解和下界值。此外，对于中规模场景，CWOR 也可以求出最优解。因此，表 4-7 列出了 BFS、LB、CWOR 和其他算法的结果，以对比这些算法的性能。

三种算法（HPSO、IEA 和 EAA）的结果与 BFS 之间的平均差异分别为-1.2%、0.2% 和 11.0%。结果表明，与直接使用 CPLEX 相比，HPSO 和 IEA 算法都能快速获得较好的解。HPSO 算法虽然计算时间长，但在目标值方面优于 IEA 算法约 2%。当然，在中规模算例下，HPSO 算法所需的计算时间对于短期规划决策来说仍然是合理的。值得注意的是，不同算法结果和 LB 之间的差异很大，分别达到了 28.8%、30.6% 和 44.6%，因此 LB 更适合作为基准测试。

表 4-7　中规模实验中的算法性能

v-s-t	CPLEX		CWOR		HPSO				IEA				EAA			
	BFS	LB	目标值	时间	目标值	GAP1	GAP2	时间	目标值	GAP1	GAP2	时间	目标值	GAP1	GAP2	时间
3-12-6	5104	3992	4075	15	5241	2.7%	31.3%	667	5241	2.7%	31.3%	5	5481	7.4%	37.3%	16
	5602	4092	5288	33	5646	0.8%	38.0%	529	5663	1.1%	38.4%	14	6049	8.0%	47.8%	10
	5609	5047	4880	14	5172	-7.8%	2.5%	923	5172	-7.8%	2.5%	12	5770	2.9%	14.3%	19
	5232	2926	4938	18	5310	1.5%	81.5%	3817	5787	10.6%	97.8%	20	5607	7.2%	91.6%	19
	5382	4440	4595	58	5101	-5.2%	14.9%	364	5101	-5.2%	14.9%	17	5708	6.1%	28.6%	11
3-12-7	5928	5342	5093	22	5507	-7.1%	3.1%	424	5507	-7.1%	3.1%	9	6301	6.3%	18.0%	9
	4843	3174	3667	99	4092	-15.5%	28.9%	2065	4092	-15.5%	28.9%	15	5275	8.9%	66.2%	68
	6136	5451	5984	189	6327	3.1%	16.1%	567	6664	8.6%	22.3%	6	6768	10.3%	24.2%	11
	5413	3924	4241	38	5005	-7.5%	27.5%	2395	5005	-7.5%	27.5%	10	5822	7.6%	48.4%	19
	4287	1453	3548	82	3978	-7.2%	173.8%	1694	3978	-7.2%	173.8%	13	4423	3.2%	204.4%	81
4-12-6	9313	8704	9220	1489	10070	8.1%	15.7%	593	10343	11.1%	18.8%	13	11564	24.2%	32.9%	8
	9531	7884	9444	18	9741	2.2%	23.5%	1808	9741	2.2%	23.5%	13	10627	11.5%	34.8%	23
	8287	6578	7659	257	8695	4.9%	32.2%	3220	8938	7.8%	35.9%	12	9529	15.0%	44.9%	24
	7972	7546	7936	72	8448	6.0%	12.0%	1054	8641	8.4%	14.5%	17	8944	12.2%	18.5%	17
	9842	9072	8345	2	9445	-4.0%	4.1%	475	9445	-4.0%	4.1%	18	11151	13.3%	22.9%	8
4-12-7	11600	10995	11373	5	11675	0.6%	6.2%	607	11675	0.6%	6.2%	9	13169	13.5%	19.8%	10
	9024	7848	8724	18	9130	1.2%	16.3%	1090	9130	1.2%	16.3%	16	10473	16.1%	33.4%	20
	9455	8161	7869	342	8563	-9.4%	4.9%	405	8563	-9.4%	4.9%	17	10201	7.9%	25.0%	10
	8143	7281	6945	321	8639	6.1%	18.6%	504	8698	6.8%	19.5%	9	9806	20.4%	34.7%	9
	8988	7406	8482	1176	9296	3.4%	25.5%	2598	9507	5.8%	28.4%	10	10642	18.4%	43.7%	20
平均				213		-1.2%	28.8%	1290		0.2%	30.6%	13		11.0%	44.6%	21

注：时间的单位是秒，GAP1 由（目标值_其他−目标值_BFS）/目标值_BFS 计算，GAP2 由（目标值_其他−目标值_LB）/目标值_LB 计算而得，"其他"包括 HPSO、IEA 和 EAA 算法。

（五）大规模场景实验

为了证明本章提出的方法的实用性，我们将船舶数量从 6 艘增加到 21 艘，区段数量从 24 增加到 180，相当于 60 个区块，时段数量从 10 增加到 21（即 1 周）。该实例规模与现实码头的规模相当。表 4-8 展示了以 BFS 为基准的三种算法的性能对比。

表 4-8　大规模试验中的算法性能

v -s -t	CPLEX		HPSO				IEA				EAA			
	BFS	LB	目标值	GAP1	GAP2	时间	目标值	GAP1	GAP2	时间	目标值	GAP1	GAP2	时间
6-24-10	9485	7199	9517	0.3%	32.2%	1351	9617	1.4%	33.6%	24	10740	13.2%	49.2%	37
	12575	8735	12856	2.2%	47.2%	2252	12856	2.2%	47.2%	24	14155	12.6%	62.1%	28
	13721	11919	14196	3.5%	19.1%	1266	14321	4.4%	20.2%	14	16031	16.8%	34.5%	25
	11736	10371	12630	7.6%	21.8%	1126	12630	7.6%	21.8%	21	14703	25.3%	41.8%	15
	12938	11767	14044	8.5%	19.3%	881	14118	9.1%	20.0%	14	15782	22.0%	34.1%	23
9-36-12	17382	10630	14867	−14.5%	39.9%	2240	14867	−14.5%	39.9%	43	20061	15.4%	88.7%	35
	21127	16628	20011	−5.3%	20.3%	1381	20131	−4.7%	21.1%	22	24210	14.6%	45.6%	22
	19626	14761	18262	−6.9%	23.7%	1647	18792	−4.2%	27.3%	26	21839	11.3%	48.0%	35
	21271	15162	22681	6.6%	49.6%	2083	22681	6.6%	49.6%	18	23935	12.5%	57.9%	36
	20103	15353	17667	−12.1%	15.1%	2424	17667	−12.1%	15.1%	15	22380	11.3%	45.8%	38
12-45-15	25719	15726	24907	−3.2%	58.4%	1394	25906	0.7%	64.7%	25	27915	8.5%	77.5%	54
	22219	12763	19822	−10.8%	55.3%	2590	19822	−10.8%	55.3%	33	26290	18.3%	106.0%	52
	22275	12812	21825	−2.0%	70.3%	3476	21896	−1.7%	70.9%	45	26896	20.7%	109.9%	59
	24925	12211	24038	−3.6%	96.9%	1268	24038	−3.6%	96.9%	26	28618	14.8%	134.4%	47
	24807	16377	21958	−11.5%	34.1%	3287	21958	−11.5%	34.1%	34	27445	10.6%	67.6%	76
15-54-18	33358	17177	32121	−3.7%	87.0%	2364	32168	−3.6%	87.3%	30	52045	56.0%	203.0%	209
	29200	15650	26419	−9.5%	68.8%	4062	27262	−6.6%	74.2%	42	44583	52.7%	184.9%	101
	27347	12701	13827	−49.4%	8.9%	4628	14425	−47.3%	13.6%	49	46400	69.7%	265.3%	71
	32167	20600	28688	−10.8%	39.3%	3219	28767	−10.6%	39.6%	32	44859	39.5%	117.8%	84
	30809	12896	26293	−14.7%	103.9%	4904	26383	−14.4%	104.6%	37	49069	59.3%	280.5%	82
16-120-10	52093	47778	51368	−1.4%	7.5%	894	52138	0.1%	9.1%	13	53057	1.9%	11.1%	42
	49240	45689	48847	−0.8%	6.9%	739	48847	−0.8%	6.9%	25	51012	3.6%	11.6%	24
	51861	47011	50729	−2.2%	7.9%	1179	50885	−1.9%	8.2%	19	51511	−0.7%	9.6%	35
	55745	52749	54440	−2.3%	3.2%	802	54440	−2.3%	3.2%	12	56944	2.2%	8.0%	43
	51098	47928	50646	−0.9%	5.7%	741	50646	−0.9%	5.7%	27	52508	2.8%	9.6%	46
19-135-12	58062	52758	54066	−6.9%	2.5%	1879	55339	−4.7%	4.9%	20	60718	4.6%	15.1%	271
	51556	43856	53840	4.4%	22.8%	3885	54106	4.9%	23.4%	31	52262	1.4%	19.2%	263
	56538	51408	52479	−7.2%	2.1%	5279	52479	−7.2%	2.1%	27	59173	4.7%	15.1%	79
	59024	49484	56069	−5.0%	13.3%	1773	56148	−4.9%	13.5%	31	62351	5.6%	26.0%	37
	58300	52114	56940	−2.3%	9.3%	1669	57052	−2.1%	9.5%	37	66236	13.6%	27.1%	42

（续）

v-s-t	CPLEX		HPSO				IEA				EAA			
	BFS	LB	目标值	GAP1	GAP2	时间	目标值	GAP1	GAP2	时间	目标值	GAP1	GAP2	时间
21-150-15	56803	41645	59757	5.2%	43.5%	4375	60560	6.6%	45.4%	17	62711	10.4%	50.6%	76
	58192	43098	54601	−6.2%	26.7%	3312	55031	−5.4%	27.7%	43	64480	10.8%	49.6%	34
	56591	42110	53271	−5.9%	26.5%	3623	53378	−5.7%	26.8%	28	66474	17.5%	57.9%	54
	56516	37405	54744	−3.1%	46.4%	5912	55695	−1.5%	48.9%	41	61694	9.2%	64.9%	71
	55344	42627	56948	2.9%	33.6%	3669	56948	2.9%	33.6%	30	63234	14.3%	48.3%	32
24-165-18	71491	44587	70694	−1.1%	58.6%	2968	71905	0.6%	61.3%	20	83047	16.2%	86.3%	70
	71536	47923	70420	−1.6%	46.9%	2701	70420	−1.6%	46.9%	20	79282	10.8%	65.4%	58
	60865	38797	59216	−2.7%	52.6%	3559	59789	−1.8%	54.1%	31	86336	41.8%	122.5%	45
	67340	42278	63950	−5.0%	51.3%	3418	64337	−4.5%	52.2%	32	75304	11.8%	78.1%	114
	74825	38313	61291	−18.1%	60.0%	7518	61291	−18.1%	60.0%	42	78093	4.4%	103.8%	68
27-180-21	超时无可行解		68720	—	—	6179	69157	—	—	37	90506	—	—	88
			73978	—	—	5012	74923	—	—	25	83639	—	—	88
			67292	—	—	3415	68421	—	—	40	84934	—	—	79
			68847	—	—	4063	68783	—	—	24	85368	—	—	89
			48442	—	—	5572	48788	—	—	104	80800	—	—	83
平均	—	—	—	−4.7%	36.0%	2933	—	−4.0%	37.0%	30	—	17.3%	73.4%	68

注：时间的单位是秒，GAP1 由（目标值_其他−目标值_BFS）/目标值_BFS 计算，GAP2 由（目标值_其他−目标值_LB）/目标值_LB 计算而得，"其他"包括 HPSO、IEA 和 EAA 算法。

显然，大规模算例与中规模算例实验具有相似的变化趋势。HPSO 和 IEA 算法在大多数情况下都能获得优于 BFS 的解，而 HPSO 和 LB 之间的差异随算例规模增加而增大。HPSO 和 BFS 之间的平均差异约为−5%，部分差异可高达−49%。此外，对于将近一半的算例，HPSO 比 IEA 的性能平均提高 2%。然而，HPSO 计算时间随着实验规模的增加而激增。HPSO 求解所需的平均时间为 2933s，而 IEA 和 EAA 分别为 30s 和 68s。因此，如果有多个场景需要快速评估，可以应用 IEA 来快速求解一个较好的结果。

四、空间利用率探讨

前几节的讨论主要集中在目标函数上，即最小化因堆存空间不足或处理能力不足而无法处理的集装箱数量，并分析了不同策略与算法的性能。本节将从空间利用率角度分别讨论三种算法的性能。

在本研究中，由于区段可以根据船舶需求进行动态调整，因此空间利用率分为两个维度：物理空间和时间，即

$$空间利用率SU = \frac{\sum\limits_{\forall v,s}|t_v^r|d_vW_{vs}}{|T||c^s||B|} \times 100\% \tag{4-36}$$

式中，$\sum\limits_{\forall v,s}|t_v^r|d_vW_{vs}$ 是规划期内的实际堆存量；$|T||c^s||B|$ 是规划期内的总容量。

为了突出实验效果，本节采用了一个具有过量集装箱的大规模场景 v-s-t = 27-180-21。过量的集装箱和空间利用率没有直接关系，由于每时段能够堆存的集装箱数量受空间和场桥作业能力的限制，因此在某些时段中，需求（堆存量）可能远远高于供应（空间容量与场桥作业能力），从而导致集装箱溢出。同时，船舶到达时间的不均匀性导致了需求量在不同时间段内忽高忽低，进而影响空间利用率。

表4-9针对 v-s-t = 27-180-21 场景，产生了九个算例及相应的结果，包括了中等空间利用率到高空间利用率的不同情形。大多情况下，IEA 算法都优于 EAA 算法，这是由于IEA 算法涵盖了更多船舶区段分配的可能性。由于空间利用率的高低受船舶到达时间影响，第六、七、八算例的空间利用率差异不大可能是因为船舶仅在个别时间段内抵达，而并非平均到所有21个时段。同时，HPSO 算法的目标值和空间利用率总是小于或等于IEA 算法。

表 4-9　空间利用率与算法性能

v-s-t	HPSO			IEA			EAA		
	OBJ	T(s)	SU	OBJ	T(s)	SU	OBJ	T(s)	SU
27-180-21	58104	12229	60.23%	60017	44	53.66%	74541	74	30.74%
	47567	7022	58.16%	47567	36	58.16%	70852	126	10.33%
	56109	11355	56.31%	56359	44	52.25%	72402	64	23.19%
	59248	5125	95.76%	62488	22	76.80%	63353	66	72.62%
	53085	5568	74.30%	53085	21	74.30%	57948	79	43.20%
	44368	12313	80.97%	47469	47	77.05%	49046	73	70.20%
	45784	10971	95.23%	46126	57	94.36%	47098	85	90.29%
	49371	5783	96.83%	49371	45	96.83%	49801	83	86.72%
	47710	9447	92.89%	47710	53	92.89%	56618	92	71.81%

五、实验结论

总之，数值试验表明：①堆场翻箱对堆场空间分配有显著影响；②在实验时间充足

的情况下，HPSO 和 IEA 算法可以取得与商用求解器 CPLEX 求解混合整数规划模型相当的结果；③HPSO 算法在目标值方面具有最好的性能，但在中等规模和大规模场景中需要比 IEA 更多的时间进行求解；④IEA 算法的平衡性显著，能够在短时间内提供一个很好的解决方案；⑤与 EAA 相比，HPSO 和 IEA 算法具有更好的空间利用率。

第六节　小结

本章围绕集装箱港口堆场短期规划决策中的堆场空间分配问题，在考虑集装箱翻箱对空间分配影响的基础上，提出了一种灵活的堆场堆存策略。为研究影响集装箱翻箱的因素，本研究建立了一个离散事件仿真模型，并通过大量仿真实验与多维数据近似方法，导出可用于混合整数规划模型的约束条件，从而构建了相应的混合整数规划模型。但由于问题的复杂性，该模型无法直接用 CPLEX 求解大规模算例。

作为解决方案，本研究提出了一种基于经验分配策略的优化方法，其核心思想是先通过经验分配策略确定区段的空间分配，从而固定一部分决策变量，继而再优化原问题。为进一步提高算法性能，研究提出了一种将粒子群优化算法与经验分配策略相结合的混合算法。数值实验表明，IEA 和 HPSO 算法可以获得近似最优解，尽管 HPSO 算法计算时间较长，但其性能比 IEA 算法高出约 2%。在大规模场景下通过长时间求解，本研究发现利用 HPSO 和 IEA 算法获得的目标值更好或更接近真实目标值（与利用商业求解器长时间求解原问题对比）。同时，集装箱翻箱对堆场空间分配有显著的影响。如果不考虑翻箱，码头所做的空间分配决策可能会过高地估计堆场实际处理能力。

从管理角度分析，这项研究表明了在规划层面问题中考虑作业层面因素的重要性。将集装箱码头的堆场空间分配问题与交通拥堵和集装箱翻箱的影响相结合，可以得到更为实用的空间分配决策，并在未来实时作业的过程中，减少作业异常。通过仿真模拟来研究集装箱翻箱对短期规划的影响，可以让业界全面地了解翻箱对空间分配造成影响的缘由，所得结论更可信。

第五章

码头智能化：
考虑重大事故影响的港口韧性优化问题

第一节　概述

自然灾害，如台风、暴雨、雷暴等，以及事故，如电力供应紧缺或中断、设备损坏等，会显著干扰码头正常运作，导致码头吞吐量骤降，甚至需要关闭停产。为了应对突发状况，提前制定灾前预防与灾后恢复策略，从而减小码头受到的影响，是一个重要的研究课题。当前主流的研究方法以数学建模为主，通过线性规划、整数规划等模型对问题进行描述。然而，航运码头、铁路场站、物流中心等复杂工业系统的结构与运行逻辑十分复杂，采用数学模型的方法需要对系统进行大量简化，不同灾害和事故所带来的负面影响及灾后恢复方案难以通过经验判断或用简单的数学关系进行描述。

因此，本章以自动化集装箱码头现有的数字化设施为基础，针对码头电力短缺这类重大事故的分析与恢复策略优化问题，构建了基于仿真优化方法的决策支持系统，以最大化码头吞吐量为目标搜索最优恢复方案。本研究将高精度仿真与仿真优化算法用于码头系统韧性分析，下面将从相关概念、问题描述、求解方法等多个角度详细展开探讨。

第二节　港口韧性

一、背景介绍

港口作为陆海货物流动的主要接口，在支持全球贸易方面发挥着关键作用，然而，灾害与事故（以下统称为危害）会对港口运行造成严重影响，甚至会导致港口作业中断。为了使码头能够更加从容地应对各种潜在危害，最大限度地减少危害对港口运作产生的影响，学界提出了港口韧性这一概念，用以评估港口对危害的提前准备情况，以及在危害发生后的策略有效性。港口韧性依赖于规划和操作层面的决策：在规划层面，应急预案中的恢复方案需要提前设计并做好准备，以便事故发生时，在操作层面可以第一时间实施。Chen 和 Miller-Hooks 首先提出了针对以铁路为主的多式联运网络的韧性研究与相关定义。在此基础上，Nair 等人认为港口韧性反映的是港口快速且经济有效地恢复到事前运营效率的能力，这一特性取决于港口的设计、运营和事后反应能力。韧性需要通过数学建模方法计算，并且在数学模型中嵌入能够详细描述运作策略或运营选项的约束。同时，该模型需要能够预测中断对港口运营的影响，以及反映恢复方案对减轻作业中断影响的有效性。这些预测与评估需要高精度、详细的模型对系统作业逻辑与设施设备之间的相互影响进行描述，然而这些模型也很难用精确的数学形式表达。因此，本研究基于仿真建模与仿真优化算法，提出了基于仿真优化的港口韧性量化研究，并开发了决策支持系统。该研究在已有数学模型的基础上，用仿真模型代替了许多复杂的约束条件，并用仿真模型对系统作业细节、交互活动细节、复杂逻辑关系等进行刻画，使韧性评估更加真实有效。

本研究围绕绿色港口的电气化改造展开。近几年，绿色港口倡议与发展趋势大大地推动了荷兰的鹿特丹港、阿联酋的迪拜港、新加坡的新加坡港，以及我国的上海港、厦门港、天津港等港口码头的电气化升级与改造。尽管电气化极大地减少了港口区域的排放与污染，但电力供应中断或不足也会导致港口运营出现新的漏洞。以一个典型的码头布局为例，如图 5-1 所示，码头前沿设置有变电站为码头照明、船舶岸电、岸桥、场桥与相关设施用电提供保障。然而，当供电不足、电压不稳或突发自然灾害的时候，港口

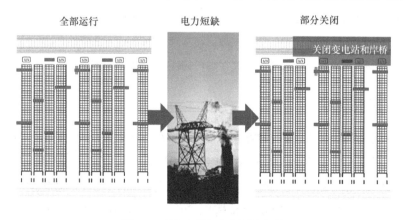

图 5-1　码头布局与电力短缺事故

必须关闭部分或全部设备以保证用电安全。当港口处于电力短缺状态时，由于港口运营过程复杂，设备与设备交互频繁，吞吐量受多种因素影响，港口决策者将很难通过简单线性关系决策如何分配有限的电力。以前的港口韧性研究多采用数学建模方法，而该方法难以完全刻画港口运作细节，特别是流程与设备之间的复杂交互，以及系统的不确定性。因此，如何通过优化设备运行状态来重新分配有限的电力，以维持原有吞吐量或尽可能恢复吞吐量到先前水平，是港口韧性的关键。

本章的主要研究内容是针对特定事故或一系列潜在事故计算港口韧性并提供决策支持，为事故发生后的应急预案做出最优决策。该研究的一个主要理论贡献是通过仿真方法，在建模过程中加入了港口日常运营的不确定性。基于仿真的韧性分析方法可以评估大量潜在的应急预案，这些预案不仅代表了港口的适应能力，也是韧性分析的关键组成部分。为了得到较为准确的评估结果，需要对各个预案进行大量的耗时的仿真实验，因此在预案评估时，需要在运算时间和估计准确度（即仿真次数）进行平衡。为了使韧性分析能够应用到实际场景和实际问题中，特别是可以用于支持实时决策，这就需要模型具有良好的统计准确性和运算的高效性。在无法保证统计准确性的情况下，决策支持所得到的预案很可能只是给定场景的一个次优恢复策略，进而得到一个错误的、较差的韧性评估。为了解决这一计算挑战，本研究在决策支持中集成了一种前沿的仿真优化方法，称为最优计算量分配（Optimal Computing Budget Allocation，OCBA）。

OCBA 方法是在有限的仿真资源（如次数、计算时间等）条件下，确定每个候选应急预案所需运行的仿真次数。作为一个优化问题，OCBA 方法的决策变量是每个预案的仿真运行次数，目标函数是最大化正确选到最佳预案的估计概率。在给定仿真资源情况下，如在一定时间窗内，港口需要对事故做出反应，OCBA 方法将求解这个优化问题，并且决策每个预案、场景需要的仿真次数。在本章，OCBA 方法能够在准确找到最优预案的同时减少仿真次数，让高精度仿真在港口韧性分析的应用得以实现。

二、研究现状

随着技术进步，仿真、数字孪生技术已经能够在实时环境下模拟复杂的工业系统。仿真提供一个近似现实的虚拟环境，在实际执行相关操作前，分析系统"假如"怎么样。仿真检验能够让相应的决策更加贴近实际，并且带来更高的可信度，越来越多的有关决策支持的研究与应用均选择了集成仿真方法。例如，Mansouri 等人回顾了几十篇关于强化航运环境可持续性的决策支持的论文，在以建模为重点的 26 篇论文中，有 5 篇采用了仿真，相关文献基于仿真方法研究了港口活动对环境的影响、海港与陆港口之间货物流动对港口效率的影响，以及协同调度集卡到达码头闸口计划对闸口通行效率的影响。此外，如第二章所介绍的，将仿真优化方法应用在海事系统的相关研究很有前景。

港口韧性代表的是一种能够有效地将港口功能恢复到事故发生前水平的能力。在过去十年中，越来越多的研究人员在各种民用基础设施背景下开发了灾后韧性量化的指标、模型和求解方法，然而很少有人关注港口领域。作为最早一批有关交通系统韧性的研究，Nair 等人研究的重点是港口和其他多式联运连接的韧性分析，而这篇文献也为本章研究内容提供了理论基础。这篇文献基于网络模型将实际存在的实体和流程抽象化，用于刻画港口运作，并使用网络吞吐量比率作为港口韧性的衡量标准。它对港口实际运作的数学表达虽然十分详尽，但是与本章所提出的基于仿真的方法相比仍然过于简单。此外，该文献假定除了灾难事件的发生及其影响外，港口作业各个方面都是确定已知的，即所有的活动，如船舶靠泊、集装箱堆垛和火车装卸，都被假定成以一个确定已知的恒定速率进行。而本章所描述的方法则假设无论是在事故前还是事故后，港口作业相关的活动与速率都是不确定的。

另有研究围绕内陆或港口韧性的相关研究。例如，Pant 等人使用仿真模拟港口实际运作，提出并评估了多个用于修复内河港口的措施；Shafieezadeh 和 Burden 提出了一种基于事件后表现的度量方法，用于评估港口的地震韧性；Alyami 等人提出了一种基于模糊规则的方法，用于评估集装箱码头中断后的严重程度。其他研究围绕更大的海事系统或港口网络，提出了韧性或可靠性研究，但截至目前，尚未有研究尝试通过仿真与仿真优化进行深入的港口韧性计算，尤其是考虑港口作业过程中的大量不确定因素的，这也是本章的一个主要创新点。

三、行业价值

从行业价值来说，虽然当前城市基础设施建设较好，发生事故的概率不高，但是由于港口的电气化运营刚刚开始，许多港口运营商缺乏应对电力中断的经验，一旦发生事故，对港口及港口上下游带来的影响会十分显著。例如，在设备停机重启之前，需要一系列如上电测试、试运行等操作，以免对设备的电器元件造成损伤。因此，港口需要提前做好应急预案，以便事故发生时港口能够及时做出反应，将损失降到最低。

本章提出的决策支持框架可以作为数字化的码头操作系统的一部分，在整合各种数据源的基础上，通过仿真优化方法有效地制定应急预案，而不是依靠人工经验做出决策。

在电力短缺的情况下，该决策支持框架从码头作业系统的其他模块中收集汇总关于未来作业、人力资源和设备资源的信息，并向港口提出运营方案建议，通过优化设备配置方案，最大限度地减少电力中断事故对码头效率造成的影响。

综上，本研究不仅展示了如海事物流等传统行业如何借助工业 4.0 或工业互联网等新时代技术进行转型，也将进一步刺激其他传统行业的基于仿真与优化的决策支持的发展。

第三节　问题描述与关键技术

一、问题描述

本研究提出的决策支持框架包括两个关键模块，如图 5-2 所示：恢复分析模块与韧性分析模块。对于给定的物理环境和事故场景，恢复分析模块可以基于高精度仿真来评估备选恢复方案的优劣，并输出最佳方案与对应的港口性能指标。韧性分析模块则基于最优恢复方案计算用户定义的韧性指标，并将其提供给港口管理人员以评估港口在潜在事故发生的情况下的韧性水平。

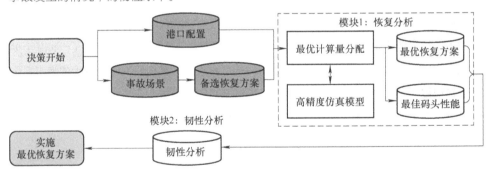

图 5-2　用于改善港口韧性的决策支持框架的结构图

除了以上两个模块外，决策支持框架还有三个额外组件用于物理环境生成：①港口配置，可将港口的物流设备、布局与操作流程模型化与参数化。②事故场景，用于描述事故对物理场景的影响、对正常操作的影响、事故发生概率。③备选恢复方案。这三个组件为恢复分析和韧性分析模块提供输入。

总之，该决策支持框架从两个方面对港口韧性进行评估：规划层面，该框架在评估韧性时将可能发生的场景以及相应的设计、作业、事后方案纳入考虑，并提前准备相应的恢复方案；操作层面，当港口在日常运营时，该决策支持框架将作为码头作业系统 TOS

的一部分，帮助港口针对特定事故发生后，根据所受到的实际影响和在事故发生后仅有的资源条件，制定相应的决策方案。而在事故发生后相应的恢复方案，则是任何系统保障可靠性的关键。

本研究先详细介绍恢复分析模块对应的科学方法，包括集装箱码头仿真建模、OCBA算法、韧性分析方法。然后具体分析一个电力供应短缺事故的案例，并展示如何基于事故场景与恢复方案分析真实世界的港口韧性。需要注意的是，对于决策支持框架而言，物理环境、事故场景的产生、事后恢复方案的产生属于外部因素，是本研究中的已知条件，研究不会对如何分析事故场景、如何产生方案等进行讨论。

二、仿真建模

离散事件仿真这一技术已被广泛用于海事和其他行业的系统性能评估。一个高精度离散事件仿真模型可以详细描述复杂系统的运作过程、复杂的交互逻辑与系统动力学等细节。本章采用的离散事件仿真模型是使用开源的 $O^2DES.Net$ 框架开发的。

图 5-3 描述了集装箱港口仿真模型的组成结构。模型的底层由码头模块、船舶生成器和外部集卡生成器构成。码头模块由三个部分组成：①码头前沿，包括泊位管理和岸桥作业。②堆场区域，包括堆场空间管理和场桥作业。③水平运输网络，通过 AGV 连接码头前沿和堆场区域。

每个组成部分都有许多代表码头设备或资源的实体。例如，码头前沿由多个岸桥子模型组成，且子模型并非基于单个服务器建立的模型，而是由多个服务器、队列组成，用以表示吊具、小车和大车之间的交互运行。堆场、水平运输遵循与岸桥子模型相同的结构，例如，场桥子模型同样包含多个服务器与队列，可以模拟吊具、小车和大车之间的交互作业。水平运输网络由包含许多服务器与队列的服务器网络表示，每个服务器代表水平运输网络中的一段道路，而其服务率则由当前正在使用服务器的 AGV 数量动态调整，用以模拟交通拥堵。

在上述模型结构基础上，整个仿真模型的流程如图 5-4 所示。该模型中包含三种类型的集装箱活动——进口活动、出口活动和转运活动：进口活动将集装箱从船舶卸至堆场，最终卸至外集卡；出口活动从外集卡接收集装箱并将其存放到堆场，再将集装箱从堆场装载到船舶上；转运活动是在船舶和堆场之间进行的。这三种活动可以进一步归纳为两种主要的集装箱流，即卸载流和装载流。卸载流是指集装箱从船舶到堆场的移动，而装载流则与卸货流的移动方向相反。

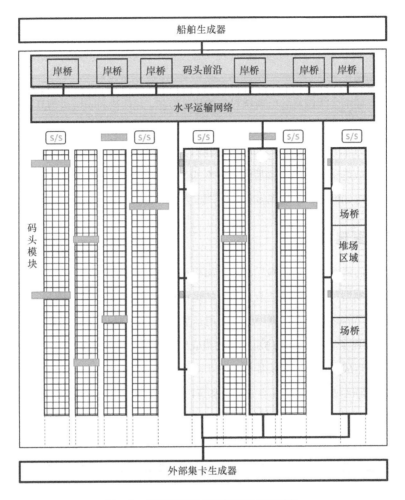

图 5-3　集装箱港口仿真模型的组成结构

　　卸载和装载操作都由船舶生成器触发产生。当一艘船生成并停靠在泊位上时，模型将生成并调度将要被装载或卸载的集装箱。从集装箱的角度来看，每个集装箱会穿过多个仿真组件并与组件内的资源进行交互。以卸载为例，当一艘船到达时，在一个时间段内，它会被分配一组岸桥，直到所有计划任务执行完毕，这艘船才会离开泊位，同时释放占用的岸桥。一个卸载作业会触发岸桥提货，再将集装箱从海侧搬移至陆侧，同时等待没有载货的 AGV 前来取货。一旦集装箱被卸到 AGV 上，AGV 就会按计划前往堆场区域的目的地。集装箱会在对应 AGV 到达堆场前安排一个场桥来取货。当集装箱从 AGV 被吊起之后，AGV 被释放并能够响应另一个请求。而当集装箱存放在堆场后，场桥会被释放，卸货作业结束。装载操作具有相反的作业顺序。

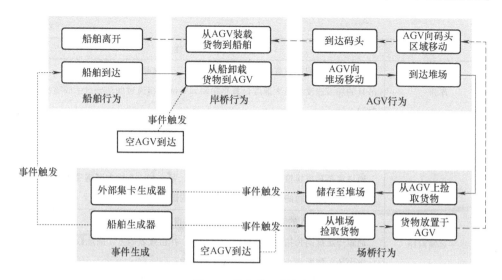

图 5-4 仿真模型的流程

──────▶ 卸载流 ─ ─ ─▶ 装载流 ⋯⋯⋯▶ 事件触发

为了保证港口能够正常运行及设备之间的紧密协同，码头往往依赖 TOS 为船舶、车辆和集装箱制订作业计划和调度决策。由于设备、资源在各种作业活动、作业逻辑之间是共享的，且码头中的各个组成部分存在复杂的交互，相比于完全依赖优化算法做决策，基于经验的操作策略会更加有效。这类策略的例子包括：①分配给船舶的岸桥数量取决于船舶的长度和装卸货作业量。②一组车辆服务指定的船舶。③组内车辆数量由船舶工作量动态确定。④岸桥与场桥对车辆服务实行先到先服务的策略。⑤集装箱在堆场的存放位置服从二八定律（也称 80/20 定律），即 80% 的集装箱被卸载至附近堆场的某些位置（船到堆场最远位置为总距离，目标存放点位于靠近船的 20% 距离范围内）。该模型中使用的大部分策略都是基于世界上一些最繁忙港口的运营商的实际做法，上述仿真模型中相关的随机性见表 5-1。

表 5-1 仿真模型的随机性

模 块	随 机 性
船舶生成	会生成三种类型的船舶，每个类型在长度（均匀分布）、装卸货量（均匀分布）和到达时间间隔（指数分布）的参数上不同
外部集卡生成器	到达时间间隔服从指数分布
码头前沿	根据船舶长度和装卸货量，使用相应查询表为每艘船舶分配岸桥数量 岸桥单钩或双钩作业，即一次吊起一个集装箱还是两个集装箱，按比例产生 车辆等待缓冲区容量有限，可能出现排队现象

（续）

模　　块	随　机　性
岸桥	通过集装箱配载位置与 AGV 之间的距离，吊具瞄准时间，以及大车、小车、吊具的加减速度和最大速度计算平均装卸时间，再通过伽马分布生成随机装卸时间
堆场区域	每个堆场区块的取货点容量有限，可能会发生车辆排队 集装箱分配遵循二八定律，在每个距离区间的集装箱分配数量服从均匀分布
场桥	通过集装箱堆垛位置与 AGV 之间的距离、吊车和小车的加减速度和最大速度来计算平均装卸时间，再通过伽马分布生成随机装卸时间
水平运输网络	参考 Zhou 等人的方法对车辆拥堵进行了模拟 通过一定规则为指定船只分配一组车辆，并由查表的方式确定数值 组中的车辆数量由船舶的工作量动态确定

　　仿真模型有两组输入参数，分别用于运行控制和场景定义。主要的运行控制参数包括预热期的天数、运行期的天数和一个随机数种子。由于仿真是从空码头初始化的，即当前码头中没有船舶与车辆、所有设备都是闲置的，因此需要一个预热期。在预热阶段之后，仿真将需要运行一段时间，再统计仿真输出结果。每个仿真运行的随机数种子也需要进行设定以确保仿真产生的结果为独立同分布（ Independent and Identically Distributed，IID ）的观测值。而场景参数包括被激活设备、资源的总数，如 AGV、岸桥、泊位、堆场场区的数量。由于一个堆场场区是垂直于泊位的，且场桥只能沿着堆场场区移动，因此场桥不能移动到其他堆场场区，即场桥数量是固定的。

　　有许多性能指标可以为集装箱码头提供相关的输出数据，每个港口可以有自己的首选指标。常用的指标：码头吞吐量、船舶周转时间、船舶等待时间、毛岸桥效率、到岸停泊率（即船舶呼叫码头后在 2h 内能够靠岸的概率，定义为 Berth-on-Arrival 率，简称 BoA 率）。本章将以 BoA 率为主要输出数据，并用它来进行韧性分析。

三、最优计算量分配

　　为了智能调整每个备选方案所需仿真运算次数，即基于对有潜力的方案分配更多而相对较差的方案分配更少的思路，本章采用最优计算量分配 OCBA 算法以实现降低计算量同时寻找最优方案的目标。受益于仿真模型以及相应输出对现实系统刻画的粒度与精度，本研究引入了作业不确定性，并通过执行多个 IID 仿真实验来估计每个恢复预案的关键性能指标（Key Performance Indicator，KPI），同时采用 BoA 率作为唯一 KPI 及韧性计算的一部分。假设恢复预案用符号 x 表示，而预案 x 的 KPI 由 $N(x)$ 次仿真实验的样本均值进行估计

$$\bar{Y}(x) = \frac{\sum_{n=1}^{N(x)} Y_n(x)}{N(x)} \tag{5-1}$$

式中，$Y_n(x)$ 是恢复预案 x 的第 n 次 IID 仿真实验的输出。

因此，对于一组有 I 个候选恢复预案集合 $X = \{x_i, i = 1, \cdots, I\}$，最优预案的选择依据

$$\hat{i}^* = \arg\max_{i=1,\cdots,I} \bar{Y}(x_i) \tag{5-2}$$

假设用 x_{i^*} 表示具有最大 KPI 的恢复预案，随着 $N(x)$ 的增加，$\bar{Y}(x)$ 将以平稳的速率 $O(1/\sqrt{N})$ 收敛至 KPI 的真实值，而此时则可以得出最优预案的正确选择 $\hat{i}^* = i^*$。然而，当仿真资源有限时（如有限时间、有限次数），$\bar{Y}(x)$ 可能存在较大的估计误差，因此能否得出最佳预案受误差决定，即选出的预案并非最佳，$\hat{i}^* \neq i^*$。当采用计算代价较高的仿真模型来评估大量恢复预案时，这个问题就显得尤为重要。在决策支持框架中，如果错选的概率高，恢复分析模块就会不断得出次优恢复预案并提供给韧性分析模块，而韧性分析模块就会错误地估计港口韧性水平。

为了解决这个问题，恢复分析模块集成了一种前沿的仿真优化算法，即 OCBA 算法，用于对每个预案 x_i 确定最优仿真次数 $N(x_i)$，$i = 1, \cdots, I$。本研究的仿真资源由总仿真次数 T 限定，而 OCBA 算法会得到一个分配计划用以确定每个预案需要执行的仿真次数，同时确保正确选择的概率（Probability of Correct Selection，PCS，$P(\hat{i}^* = i^*)$）最大。

对于任意 $i \neq i^*$，$\delta(x_i) = Y(x_{i^*}) - Y(x_i)$，假设 $Y_j(x_i)$ 服从正态分布，其均值为 $Y(x_i)$，方差为 $\sigma^2(x_i)$，并且在不同预案之间是独立的。那么，仿真运算资源的近似最优分配应满足式（5-3）与式（5-4），即

$$\frac{N(x_i)}{N(x_l)} = \left(\frac{\delta(x_l)/\sigma(x_l)}{\delta(x_i)/\sigma(x_i)} \right)^2 \quad \forall i, l \neq i^* \tag{5-3}$$

$$N(x_{i^*}) = \sigma(x_{i^*}) \sqrt{\sum_{x_i \neq x_{i^*}} \frac{N^2(x_i)}{\sigma^2(x_i)}} \quad \forall i \neq i^* \tag{5-4}$$

基于中心极限定理，由于 BoA 率是由仿真运行过程中产生的大量随机样本的平均值得到的，因此，假设抽样正态分布近似成立。当应用 OCBA 算法时，首先对每个候选预案进行 N_0 次仿真实验，并得到的样本均值和样本方差用来估计 $\delta(x_i)$ 和 $\sigma(x_i)$，即

$\bar{\delta}(x_i) = \bar{Y}(x_{i^*}) - \bar{Y}(x_i)$ 和样品标准偏差 $s(x_i)$ 作为 $\delta(x_i)$ 和 $\sigma(x_i)$ 的估计值，用于式（5-3）与式（5-4）中，进而得到 $N(x_i)$。

由于 $\bar{\delta}(x_i)$ 和 $\bar{\sigma}(x_i)$ 存在估计误差，因此不建议使用基于初始 N_0 次仿真实验得到的估计值 $\bar{\delta}(x_i)$ 和 $\bar{\sigma}(x_i)$ 来计算最终仿真分配次数，相反，应采用循序渐进的过程来给每个预案不断增加仿真次数。该过程将初始 N_0 次仿真实验分配给每个预案并得到 $\delta(x_i)$ 和 $\sigma(x_i)$ 的初始估计值；之后由式（5-3）与式（5-4）计算得到 $N(x_i)$ 的值，并在下一次分配中给每个候选预案分配更多的仿真次数即 $N(x_i) - N_0$；随后继续更新 $\bar{\delta}(x_i)$，$\bar{\sigma}(x_i)$ 和 $N(x_i)$，并重新计算仿真次数分配数量，不断迭代，直到用尽所有仿真资源（即每个预案仿真次数之和等于 T）。

四、韧性分析

对于给定的事故场景 s 和一组候选恢复预案 $X(s) = \{x_1, \cdots, x_I\}$，恢复分析模块将得出最优恢复预案 x_{i^*} 和相应的港口事故后的性能 $Y(x_{i^*})$，同时可以通过仿真模型得出事故发生前的系统性能，记为 Y_0。本研究参考多式联运运输网络的韧性水平定义，提出使用事件后与事件前性能水平的比率来衡量韧性，现定义港口在事故场景 s 下的韧性水平

$$R(s) = \frac{Y(x_{i^*})}{Y_0} \tag{5-5}$$

在这个核心定义之上，本章所提出的决策支持框架可以用于基于概率的韧性分析，例如，如果在事故场景空间 $\mathcal{S}$ 上定义一个概率分布函数 $F(\cdot)$，则港口的期望韧性水平

$$R = \int_{s \in \mathcal{S}} R(s) \mathrm{d}F(s) \tag{5-6}$$

利用 $F(\cdot)$ 从 $\mathcal{S}$ 中采样 K 个 IID 场景，韧性水平的估计值

$$\bar{R} = \frac{\sum_{k=1}^{K} R(s_k)}{K} \tag{5-7}$$

韧性分析模块也能够输出数据以绘制关于 $R(s)$ 分布的直方图，并更好地告知港口决策者在不同事故场景下的港口性能最大恢复能力。

事故场景集合 $\mathcal{S}$ 和相关的候选恢复预案 $\{X(s), s \in \mathcal{S}\}$ 的产生需要港口决策者根据实际情况制定，需要提前设计并输入决策支持系统中。案例研究提供了一个关于如何产生 $\mathcal{S}$ 和 $\{X(s), s \in \mathcal{S}\}$ 的例子，以及决策支持框架如何有效评估 $R(s)$。

第四节 案例分析

一、事故场景与恢复预案

本案例是由实际港口项目简化而来，出于商业保护原因，本案例虽然基于现实场景与码头实际作业规则构建，但对数据进行了一定调整。该案例对应的物理设施包括 2700m 长的岸线，对应着 7 个泊位，约为一个中大型尺寸的集装箱码头，根据码头尺寸及港口作业人员的经验，可以预估该码头年吞吐量可以达到 700 万个标箱（TEU）。

在电力供应短缺造成的作业中断期间，港口需要关闭部分岸桥与 AGV 等设备，而不是在非运行额定功率下运行这些设备（如果在非额定功率下运行，会对设备可靠性造成长期影响，且可能造成安全事故）。其中，AGV 依靠充电站提供能量补充，由于电池容量有限，AGV 需要定期充电。在快速充电技术的保障下，每辆 AGV 的充电时间可以忽略不计。因此，可以假设水平运输系统的电力需求与 AGV 的数量相关，而不受影响的资源和设备，如泊位和场桥将正常运作。在现实中，电力短缺可能产生更广泛的影响，例如，无线通信连通性降低会影响设备的远程控制效果，码头内部照明水平的降低则会影响设备的吞吐量。

在实际作业中，设备数量与比例的配置是根据专家经验进行设置的，如每个泊位（约 350～400m）配备 4～5 台岸桥，而岸桥和 AGV 的数量配比往往是一个固定值。在本案例中，正常运行情况下的默认配置有 32 台岸桥和 128 台 AGV，而 AGV 与岸桥的数量配比是 4∶1。根据现有资料可知，一台岸桥需要约 1200kW，一台 AGV 需要约 150kW，因此，总电力需求约为 57600kW。

到岸停泊率（BoA 率）将作为唯一的评价指标。通常情况下，无论是船东还是货代，这些客户都希望他们的船舶在抵达后能迅速靠泊并开始装卸货。而 BoA 率用于评估到达的船舶是否在合同规定的时间窗口内（通常是 2h）靠泊在码头。当码头能够保障高 BoA 率时，码头将在合约上更具竞争力，也能间接保障航道畅通。因此，码头的高 BoA 率对海事管理机构来说也十分重要。

在实践中，由于缺乏应对经验，许多港口会选择暂停运作并停止所有设备运行，直到电力供应恢复正常水平。这意味着 BoA 率和韧性水平都将为 0。相较于暂停运作，另一种恢复预案是通过码头作业系统，按照与正常作业时相同的比例调整激活的 AGV 和岸桥的数量。该案例中，我们定义当码头发生供电事故后，在最大化用电的情况下，默认采取的恢复预案为设置 AGV 和岸桥比率为 4：1。这种 4：1 比率的选择是根据常见的工业实践得来。而使用该比率得到的仿真结果将作为基准来评估仿真模型与决策支持框架的有效性。

本案例包含了三个供电事故场景，具体场景状况与对应的默认预案如下所示。

1）场景 1：70%供电能力，供电 40320kW，22 台岸桥，92 台 AGV，AGV 和岸桥比率 4.18：1。

2）场景 2：60%供电能力，供电 34560kW，19 台岸桥，78 台 AGV，AGV 和岸桥比率 4.11：1。

3）场景 3：50%供电能力，供电 28800kW，16 台岸桥，64 台 AGV，AGV 和岸桥比率 4：1。

当然，港口运营者也可以考虑其他不遵循默认 4：1 的 AGV 和岸桥组合。由于岸桥是主要资源，本案例将通过增减岸桥数量的方式调节备选恢复预案。在满足电力利用率最大的情况下，通过为岸桥总数递增 1 台，并将剩余电力分配给 AGV 使用，就可得出表 5-2 所示数据。

表 5-2 三个供电事故场景下的备选恢复预案

序 号	场 景 1		场 景 2		场 景 3	
	岸 桥	AGV	岸 桥	AGV	岸 桥	AGV
1	29	36	25	30	21	24
2	28	44	24	38	20	32
3	27	52	23	46	19	40
4	26	60	22	54	18	48
5	25	68	21	62	17	56
6	24	76	20	70	16#	64#
7	23	84	19#	78#	15	72
8	22#	92#	18	86	14*	80*
9	21	100	17*	94*	13	88
10	20	108	16	102	12	96
11	19*	116*	15	110	11	104
12	18	124	14	118	10	112
13	17	132	13	126		

（续）

序 号	场 景 1		场 景 2		场 景 3	
	岸 桥	AGV	岸 桥	AGV	岸 桥	AGV
14	16	140	12	134		
15	15	148				
16	14	156				

注：默认预案用"#"标记，最优恢复方案用"*"标记。

二、实验设计

为了获得有效的统计估计，我们为每个仿真运行设置预热 3 天再执行 1 天的仿真，并在 1 天仿真期内测量 BoA 率。对于每个恢复预案，都需要执行 1000 次 IID 的仿真实验以获得 BoA 率的估计值。仿真运算是在一台运行 Windows 10 OS、搭载 Intel Xeon Processor E5–2695 v4（18 核，2.1GHz）和 64GB 内存的戴尔 Precision Tower 7810 工作站上进行的。需要注意的是，即使在并行环境下运行 30 次仿真实验，完成所有实验也需要超过 3 天的时间。以 1000 次仿真结果（BoA 率）的样本均值为指标，可以在表 5-2 上选中每个场景的最佳恢复预案，并由*标注。可以发现，用#标记的默认预案并不是每个场景中的最佳恢复预案。

第五节 数值实验

一、恢复预案与韧性分析

表 5-3 展示了不同电力短缺事故场景下默认预案和最优预案得到的平均 BoA 率估计值。如果没有本章所提出的决策支持，港口则会根据默认预案以及现有电力供给情况，按常规 4∶1 的 AGV 与岸桥比率调整设备激活数量。表中固有应对能力代表的是默认预案下的 BoA 率与事故发生前的 BoA 率（即在 32 台岸桥和 128 台 AGV 的场景下，进行仿真实验并得到 BoA 率，98.58%），通过计算式（5-5）而来。韧性和固有应对能力两个值之间的差异是由于在给定的场景中执行了最佳恢复预案。

结果表明，当事故程度不高的时候，例如，在场景 1 中电力供应下降 30%，港口可以通过实施最佳恢复预案使事故后的 BoA 率（91.90%）尽可能接近事件前的 BoA 率（98.58%），同时，最佳恢复预案也比默认预案的 BoA 率高出 12.51%。而当电力减少 40% 和 50% 时，决策支持系统推荐的最佳恢复预案也比默认预案的 BoA 率分别高出 15.74%和 12.06%。

表 5-3　默认预案和最优预案得到的平均 BoA 率估计值

场　　　景	默认预案的 BoA 率	最佳恢复预案的 BoA 率	固有应对能力	韧　　　性
1	79.39%	91.90%	80.53%	93.23%
2	60.92%	76.66%	61.80%	77.77%
3	43.39%	55.45%	44.01%	56.25%

二、随机性的价值

作为该研究的一个主要价值，仿真模型能够涵盖众多港口运作中的随机因素，即代表了日常作业中真实的差异。为了检验这种完全随机方法的价值，我们将现有仿真模型（用随机型模型指代以免混淆）选择的最佳恢复预案与确定型模型选择的最佳恢复预案的结果进行比较。确定型模型是在现有的随机型模型基础上简化而来的，即将随机型模型中的船舶到达模式（包括船舶尺寸和工作量）、集卡到达模式、岸桥与场桥服务率等参数从随机变量改成常数，将原先相应的概率分布的平均值作为确定型模型的参数。

由于确定型模型中内嵌的一些作业决策规则具有随机性，如堆场空间分配、水平运输的交通管理等，这会导致确定型模型仍然包含一部分随机性。由于数字孪生模型采用了难以预先设置的随机作业决策规则用于堆场分配和交通管理，且如果移除这些作业决策，可能会造成严重的交通堵塞，因此，确定性数字孪生模型仍然包含一些随机性。同样的，为了得到具有统计意义的结果，3 个场景中的每个恢复预案进行 1000 次 IID 仿真实验，运行方式与之前相同。图 5-5 分别比较了随机型和确定型模型的 BoA 率，详细数据参见表 5-4。

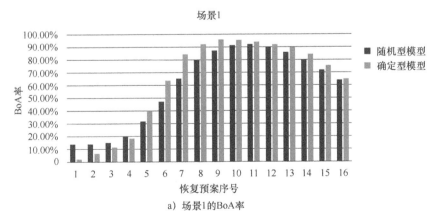

图 5-5　随机型与确定型模型的 BoA 率比较

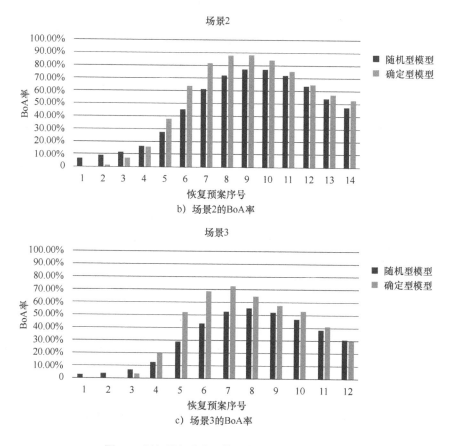

b）场景2的BoA率

c）场景3的BoA率

图 5-5 随机型与确定型模型的 BoA 率比较（续）

表 5-4 随机型与确定型模型的 BoA 率

预案序号	场 景 1		场 景 2		场 景 3	
	随机型模型	确定型模型	随机型模型	确定型模型	随机型模型	确定型模型
1	13.63	1.86	6.82	0.05	2.95	0
2	13.91	6.41	8.85	1.22	3.88	0.22
3	15.20	11.28	11.24	7.19	6.60	3.59
4	20.50	18.24	16.08	15.84	13.13	20.18
5	31.93	39.78	27.35	37.63	28.92	52.03
6	47.12	63.87	45.44	63.60	43.39#	68.36#
7	65.28	84.25	60.92#	81.38#	52.59	72.35**
8	79.39#	92.45#	71.57	87.65	55.45*	64.28

（续）

预案序号	场景 1		场景 2		场景 3	
	随机型模型	确定型模型	随机型模型	确定型模型	随机型模型	确定型模型
9	87.39	95.79**	76.66*	87.96**	52.01	57.38
10	91.26	95.42	76.56	83.76	46.78	52.89
11	91.90*	93.97	71.77	75.24	38.52	41.16
12	90.01	91.83	63.85	64.72	30.71	30.49
13	85.82	89.59	54.03	57.07		
14	79.36	84.43	46.87	52.71		
15	71.76	75.45				
16	63.90	64.77				

注：1. 默认预案用"#"表示。

2. 基于随机型模型选择的最优恢复预案用"*"表示。

3. 基于确定型模型选择的最优恢复预案用"**"表示。

从图 5-5 可以看出，基于确定型模型得到的决策方式在场景 1 和场景 3 中是次优解。在场景 1 中，确定型模型选择预案 9， BoA 率为 95.79%，而在考虑作业随机性时，预案 9 的 BoA 率仅为 87.39%。相比之下，随机型模型选择了预案 11， BoA 率为 91.90%。对于场景 3，确定型模型选择预案 7，BoA 率为 52.59%，而随机型模型将预案 8 识别为最佳预案，BoA 率达到 55.45%。

对于场景 2，两种模型的最佳预案恰好是同一个，即预案 9。不过，确定型模型错误地高估了 BoA 率，达到 87.96%，而随机型模型则为 76.66%。这一错误估计可能会导致港口运营者认为在这种事故情况下港口的韧性可以处于较高水平，导致他们可能不会进行充分的准备应对这种事故。在场景 3 中，这个问题更为严重，确定型模型所得预案的估计 BoA 率为 72.35%，而根据随机型模型，即便采用最佳恢复预案，BoA 率只能达到 55.45%而非 72.35%。这也意味着，导致港口运营者会严重低估了 50%电力短缺事故造成的影响。实验结果表明，使用确定型模型以及相关假设，BoA 率通常会被高估。

总之，通过随机型模型与确定型模型进行比较，我们发现在描述复杂系统时考虑随机性因素是十分有价值的，而使用参数均值会带来较大的偏差进而影响决策效果。值得强调的是，在现有韧性研究及港口韧性研究中，尚无研究考虑过随机因素对韧性分析的影响。

三、仿真策略比较

当事故发生时，港口运营者必须在短时间内做出决定，但对每个恢复预案均运行 1000 次仿真实验来比较 BoA 率是不切实际的。为了更快得到有效结果，我们需要智能地分配仿真实验次数，在减少不必要仿真的同时维持先前的估计水平。

图 5-6 显示了仿真 1000 次不同事故后 BoA 率估计值的箱形图，每个恢复预案都进行了 1000 次仿真。在场景 1 中，我们可以发现，预案 1 到 7 的 BoA 率的中位数（箱子中间的红线）低于预案 9 ~ 12 的中位数，即在为预案 1 ~ 7 进行仿真实验时，大部分情况下都不如预案 9 ~ 12，则不需要给 1 ~ 7 分配太多仿真次数。因此，为每个预案分配相同次数的仿真，既缺乏有效性，也没有必要。那么，现在的主要问题就是如何计算每个预案需要多少仿真次数可以满足上述要求。下面，我们用两组实验的结果来说明 OCBA 算法与平均分配（EQ）在实验效率上面的差异。

为了测量通过 EQ 或 OCBA 得到的 PCS，EQ 或 OCBA 均在固定的仿真资源下，为 I 个预案分配仿真次数，然后基于仿真结果选择最佳预案。这个过程将使用不同的随机数迭代 M 次，每次迭代都会分配固定数量的仿真资源并产生 IID 的仿真输出。假设在 M 次实验中，EQ 或 OCBA 正确选择了 m 次最优解。通过 EQ 或 OCBA 得到的 PCS（用 p 表示）的估计值可以表示成

$$\hat{p} = \frac{m}{M} \tag{5-8}$$

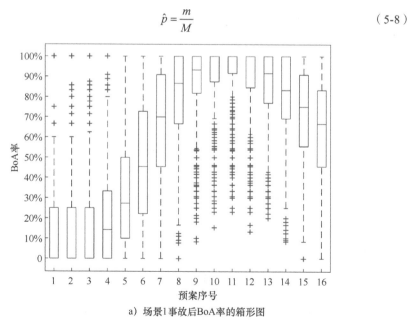

a）场景1事故后BoA率的箱形图

图 5-6　仿真 1000 次不同事故后 BoA 率估计值的箱形图

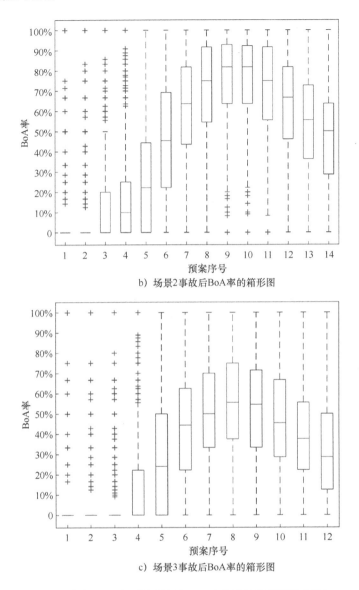

b）场景2事故后BoA率的箱形图

c）场景3事故后BoA率的箱形图

图 5-6　仿真 1000 次不同事故后 BoA 率估计值的箱形图（续）

然而，根据相关文献给出的 PCS 相对误差，如式（5-9）所示，M 的值必须足够大才能对 PCS 进行的准确估计，因此这样的实验过程会导致极高的计算量。

$$RE(\hat{p}) = \frac{\sqrt{\text{Var}(\hat{p})}}{p} = \sqrt{\frac{1-p}{Mp}} \tag{5-9}$$

例如，当 $p=0.5$ 时，为了达到 5%相对误差，需 $M=400$。如果每次迭代的仿真运算资源为 1000 次，那么需要 400×1000 次即 40 万次仿真才能产生一个可靠的 PCS 估计值，这将是极大的计算工作量。

为了控制计算量在一个可接受的范围，在实验过程中，我们采用 BoA 率的经验分布的 IID 随机抽样来测量 PCS，而不是生成新的 IID 仿真输出。经验分布构造方式如下：对于给定的预案 x，用 $Y(x) = \{Y_1(x), Y_2(x), \cdots, Y_N(x)\}$ 表示 N 个 IID 仿真实验的输出，则仿真输出 $Y(x)$ 的经验分布的概率质量函数 $P_E(\bullet)$ 可以表示为

$$P_E(y) = \frac{1}{N} \sum_{j=1}^{N} \mathbb{I}\left(Y_j(x) = y\right) \qquad （5\text{-}10）$$

式中，$\mathbb{I}(\bullet)$ 是指标函数，即当 $Y_j(x) < y$ 时，$\mathbb{I}\left(Y_j(x) = y\right) = 1$，否则为 0。从 $P_E(\bullet)$ 中采样等价于从集合 $Y(x)$ 中随机采样。

这种重新采样方式为自主抽样法，即从给定训练集中有放回的均匀抽样，它能达到对 PCS 在统计上的有效估计。虽然这里仍然需要一个较大的 M 值（如 $M = 10000$），实验过程仍将十分有效且不需要额外运行仿真模型（即从现有的结果中随机抽样以扩充实验数据）。因此在以下实验中，对于每个场景的预案，我们用先前每个预案进行的 $N = 1000$ 次 IID 仿真实验结果（BoA 率）来构建经验分布并设置 M 为 10000。

当采用 EQ 或 OCBA 时，为了检验基于仿真运算量的 PCS 函数（即仿真实验次数作为 PCS 函数的输入），我们定义 N 为分配给任意预案的仿真重复次数，并允许它在 EQ 算法中的变化范围为 10 ~ 60。因此，总的仿真运算资源为 $T = N \times I$，其中 I 是需要评估的预案数量（对于场景 1、2、3 来说，I 是 16、14 和 12）。OCBA 使用第三节所述分配策略将 $N \times I$ 次仿真资源分配给 I 个预案。对于 OCBA 开始，初始仿真次数设置为 $n_0 = 10$。

以 EQ 或 OCBA 消耗的仿真运算资源量为横轴，对应的 PCS 为纵轴，其变化趋势如图 5-7 所示。场景 1 的总仿真运算资源为 $60 \times 16 = 960$ 次，即 16 个恢复预案，N 的最大值 60。对于场景 2 和场景 3，总仿真运算资源分别为 $60 \times 14 = 840$ 次和 $60 \times 12 = 720$ 次。

图 5-7 表明了当没有统计上足够数量的仿真次数时，有较大风险选择的是次优预案。在场景 1 和 2 中，使用 10 次仿真运行的样本平均值，PCS 值都低于 0.5。场景 3 中获得的 PCS 值仅达到最低性能要求。为了实现更高的 PCS 值和说明使用随机仿真模型的优势，则需要进行更多的仿真实验。

结果表明，采用 EQ 方法且设定每个备选预案只有 60 次的仿真运算资源，在场景 1 中 PCS 只能达到 0.65，场景 2 中为 0.52，场景 3 中为 0.78。相比之下，如果采用 OCBA，在场景 1、2 和 3 中的 PCS 分别为 0.88、0.56 和 0.92。对于场景 1 和场景 3，OCBA 比 EQ 具有更大的 PCS 值，而场景 2 是具有挑战性的，由于它的两个候选预案（预案 9 和 10）很难进行正确排序，但即使在这种情况下，OCBA 的性能也优于 EQ。

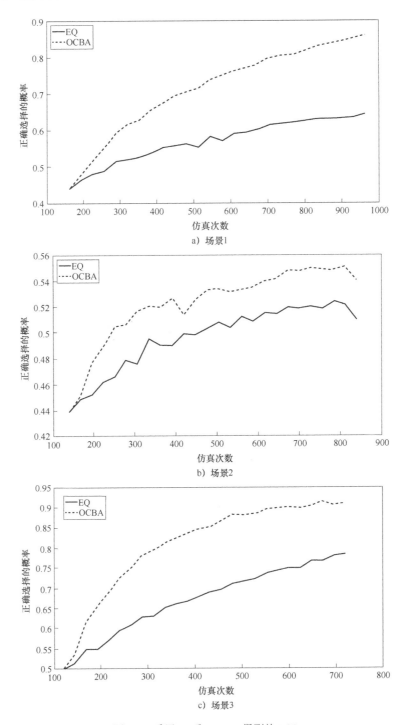

a) 场景1

b) 场景2

c) 场景3

图 5-7　采用 EQ 和 OCBA 得到的 PCS

另一种说明 OCBA 优势的方式是计算 OCBA 对于 EQ 的加速系数。加速系数的定义是达到相同 PCS 时，EQ 需要的仿真运行量与 OCBA 需要的仿真运行量的比值，例如，在场景 1 中，当 N=60 时，EQ 需要 960 次仿真运行，这时 PCS 值为 0.65，而 OCBA 只使用了 368 次仿真实验就实现了相同水平的 PCS。那么加速系数是 960 / 368=2.61。表 5-5 中展示了当 N 为 20 次、30 次、40 次、50 次与 60 次的时候，OCBA 对于 EQ 的加速系数。

表 5-5　运行次数为 N 时，OCBA 对于 EQ 的加速系数

场　　景	$N = 20$	$N = 30$	$N = 40$	$N = 50$	$N = 60$
1	1.33	1.76	2.00	2.27	2.61
2	1.43	1.88	2.11	2.00	2.31
3	1.54	1.88	2.11	2.08	2.40

对于 3 个事故场景，随着仿真资源总量的增加，采用 OCBA 时的加速系数也会增加。因此，OCBA 在得到最理想（最高）的 PCS 值时，实现了最大的加速系数。

第六节　小结

随着港口越来越依赖电力及清洁能源驱动自动化运作，电力短缺事故是一个尚未得到充分研究却影响显著的问题。由于事故会严重影响港口正常运营甚至导致业务中断，维持一个有韧性的港口是十分重要的。本章提出了一个决策支持系统的雏形，采用仿真建模进行韧性评估，同时集成了运筹学领域前沿的仿真优化方法，对事故后的恢复方案进行优化并用 OCBA 算法来提高计算效率。仿真建模不仅可以详细刻画港口详细的作业流程，还可以对事故中的不确定及恢复方案进行建模，这都是传统数学建模方法无法实现的。此外，之前在韧性文献中尚未发现研究者采用仿真建模与仿真优化方法进行深入的韧性计算，也未在韧性计算中引入作业过程的各类不确定性。

本章以实际集装箱码头为例，分析了三种电力短缺事故情景。在案例研究中，与常规设备配置相比，最佳配置能够将关键性能指标 BoA 率提高 15.74%。通过比较考虑随机型模型与确定型模型，实验发现在确定型模型下的事故预案不仅是次优的，而且严重低估事故造成的影响，即高达 24.97%的差距。即在韧性评估方法中忽略港口运行过程的不确定性，会显著高估韧性水平，会错误地让港口认为其具有较高的对事故的抵御与恢复能力，进而导致港口在面对事故时无法正确做出判断，或在事故发生后采用了次优的恢

复措施。数值实验还表明，在做出准确决策的条件下，OCBA 算法相比平均分配策略能够减少 2.4 倍的计算量。

在此研究基础上，有两个方向值得后续探索：

一方面，Chen 和 Miller-Hooks 指出，与恢复方案和港口从事故中恢复能力相对应的，港口韧性同样受到港口抵御事故能力的影响，即通过前期准备与投入，如培训、预先配置资源等方式，使港口在事故发生后承受最少的损失。因此，后续研究可以进一步探索类似的事前预备决策优化问题。由于事前准备方案和事后恢复方案都需要高精度的仿真评估，两阶段 OCBA 算法可能有助于提高总体计算效率，可以参见 Wang 等人的论文。

另一方面，对于集装箱码头这种复杂工业系统，实施事后恢复方案后产生的结果存在很大的不确定性。例如，当实施了一个恢复方案后，结果尚未达到预期，就需要在现有状态下采取第二个方案，这就需要进一步推动仿真模型的开发，使仿真能够实时跟踪方案效果与系统状态，以便根据实际场景的反馈进行相应调整。

第六章

下一代智慧码头与数字孪生

第一节　后疫情时代下的码头

2020 年年初，新冠肺炎疫情在全球范围内快速蔓延，不仅对每个人的家庭生活造成了影响，而且重创了全球经济与供应链。2020 年经济严重衰退，全球增长率为–4.4%，且持续的疫情很可能给经济留下长期影响，由于劳动力市场的恢复需要时间，不确定性和资产负债表问题抑制了投资，这将使所有国家提高平均生活水平的进程受阻。

疫情深深地改变了整个交通运输行业的发展前景。从海运行业的重要组成，集装箱码头角度，新冠肺炎疫情主要带来了三大影响：第一，疫情重创了原有的商业模式与市场预期，许多码头的投资计划被迫中断或改变；第二，疫情造成供应链上下游波动巨大，许多码头作业量激增但现有作业模式无法应对，造成船只大面积拥堵与延误；第三，疫情进一步推动了码头自动化进程以代替越发短缺的劳动力。

为了了解疫情前后海运行业对集装箱码头未来技术发展的态度变化，我们基于关键词 container port technology，即集装箱港口技术，检索了大量的国际行业新闻。检索范围分两个时间段，第一阶段从 2019 年 2 月至 2020 年 1 月作为疫情前数据，第二阶段从 2020 年 2 月至 2021 年 1 月作为疫情中数据，第一、第二阶段分别收集到 249 篇与 266 篇行业新闻。通过语义分析、文本清晰，我们整理出 127 个与新兴科技、技术有关的关键词，并分为三大类：有关数字化、自动化、电气化的关键词个数分别有 54 个、56 个和 17 个。关键词类别的相对频次占比如图 6-1 所示。其中，数字化与自动化的占比远高于其他类别，且数字化的关注度相较于疫情前有了显著的提升。数字化相关的关键词中，最受关注的词汇是"digital（数字的）""smart（智慧）""data（数据）"。相比疫情前，行业更加关注原有平台的升级，关键词包括 "platform（平台）""API 应用程序接口""blockchain（区块链）""cyber security（网络安全）"等。相反，具体技术例如"5G""AI 人工智能"等关注度略有降低。

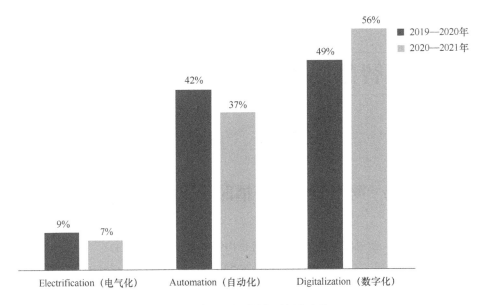

图 6-1　关键词类别的相对频次占比

相较开发一个技术或平台而言，管理科学与工程领域的学者们更加关注技术与平台背后面临的关键问题，例如，如何通过信息融合使码头能够更好地预测需求、如何通过智能算法提升码头操作系统决策质量与效率、如何制定船只排放政策提升码头与环境的可持续性等。为了与行业发展趋势保持一致，本章探讨港口数字化与自动化的一个重要课题：港口数字化与数字孪生。

第二节　港口数字化进程

进入 21 世纪，全球信息化技术得以快速的发展和应用，在当前互联网、区块链、物联网、大数据、人工智能等新兴技术的推动下，港口数字化已经成为行业发展的必然趋势。从广义的角度来讲，港口数字化指以信息技术为手段全面实现港口应用和企业的数字化、网络化、智能化和可视化，有助于提升港口运营能力，无须进行重大基础设施升级，即可把港口及其合作伙伴的产能、效率、用户便利性和竞争力推上新台阶。早在 2011 年，鹿特丹港就提出了 2030 年港口发展战略愿景，结合全球港口发展态势，勾勒了未来智慧港口的技术路线图。鹿特丹港致力于推进港口数字化进程，注重通过建立完善的信息化基础设施、建立港口运营管理系统、建立互联互通的信息平台以及建立港口大数据中心，提升港口运营效率与服务水平。随着通信技术的发展，我国港口正在经历数字化、智慧化转型。2019 年 11 月，交通运输部等九部门联合印发了《关于建设世界一流港口的指导意见》，明确提出到 2025 年，我国世界一流港口建设取得重要进展。

新冠肺炎疫情虽然使得人与人的接触变少，但却加速了港口业数字化转型进程。数字化为行业带来很多收益，通过推行无接触服务、无纸化远程化办公能够有效降低工作人员感染风险，增强全球供应链的弹性和韧性等。例如，中国港口通过实现产业技术的升级和应用，保障了整个供应链高效有序运营，包括：积极推动工作文件的数字化和网上处理，如线上审批发证，使用区块链电子交付技术平台，推行无纸化办公等；采用创新型的方法开展港口工作，如推出远程操作技术，实现自动化运作，减少因人与人接触产生的风险；对进出港人员用应用程序进行管理，极大提升员工的安全保障。新加坡则推出了数字港口服务，仅精简表格一项，就节省近 10 万 h 的工作量，极大提升了效率。

港口数字化侧重于港口上下游产业链的数字连通性，而码头数字化则更多侧重于通过增加先进的通信设施、智能传感器、监控设备以及数据中心，使码头内部业务数据能够共享融合，为实现码头智慧化升级提供关键基础设施。人机混杂、过程烦琐、信息不通的人工码头作业是码头数字化建设滞后的表征之一。以位于深圳西部的赤湾集装箱码头为例，工作人员必须顶着烈日或风雨在码头现场进行人工理货，通过观察、记录集装箱箱号和轮船信息并反馈到后台，才可以进行后序一系列的业务操作。随着码头市场规模和业务范围的不断扩大，原有的人工作业模式已经无法满足业务高速发展的实际需求。为此，码头建立了集数据自动采集、智能识别处理、信息共享等功能为一体的数字化平台，大幅度改善了人员工作环境和劳动强度，革新了传统的业务流程，提高了码头的管理水平和效率。

第三节　数字孪生概念的兴起

在数字化概念的基础上，行业越来越多的开始提及数字孪生（Digital Twin）概念。数字孪生的概念早在 2002 年由美国密歇根大学教授迈克尔·格里夫（Michael Grieves）博士提出，而较早的学术文献则可以追溯到 2012 年一篇有关美国国家航空航天局与美国空军数字孪生技术路线图的会议论文。约从 2014 年开始，西门子、达索等知名工业软件公司，逐渐开始在市场宣传中使用数字孪生术语。然而，数字孪生尚无业界公认的标准定义，概念至今还在发展与演变中。

在众多定义中，较为被广泛接受（同时也很复杂）的是：数字孪生是充分利用物理模型、传感器更新、运行历史等数据，集成多学科、多物理量、多尺度、多概率的仿真过程，在虚拟空间中完成映射，从而反映相对应的实体装备的全生命周期过程。即在一个设备或系统的基础上，创造一个数字版的孪生体，而本体的实时状态与外界环境条件，都会复现在孪生体上。数字孪生已在工业制造领域中广泛应用，如在航空航天飞行器研发与制造的过程中，数字孪生可以虚拟构建产品数字化模型，对其进行仿真测试和验证；在生产制造时，通过模拟设备运转，可对分析参数调整对产品带来的改变。

除了工业制造领域，数字孪生也在其他领域得到广泛探索与应用，如智慧城市、物流与供应链、交通运输、公共卫生等。不同于为产品构建数字孪生，这些领域更加关注系统自身的数字孪生，如大到构建城市、运输网络等系统的数字孪生，小到构建车间、道路、地铁站、医院等系统的数字孪生。系统的数字孪生更加注重通过数据整合，尽可能完善的描述并模拟真实系统，不仅能够对当前场景实现复现，也能够检验"what-if"假设场景下的系统性能指标；不仅能够为系统设计、规划、运营到预测等各种需求提供技术支持，也能够从每秒、每时、每年、每十年等不同时间跨度提供性能指标与决策支持。对于这类数字孪生来说，系统仿真不可或缺。因此，众多通用系统仿真软件如 AnyLogic、FlexSim、Simio 在营销过程中经常提及自身软件能够支持数字孪生。但需要注意的是，将仿真模型直接认作数字孪生是相对狭窄的一种定义。仿真模型固然能够按照时间进度模拟现实世界中各种处理过程或系统过程的操作，但绝大部分仿真模型缺少对原系统实时状态与外界环境的复现。

第四节　港口数字孪生

伴随着港口数字化、智慧化发展进程，近几年许多港口码头开始探索数字孪生的应用与价值。作为实施数字化与智慧化升级的领先者，荷兰鹿特丹港提出的数字孪生不仅包括对港口系统的仿真模拟以及对实时数据与外部环境接入与反馈，还涵盖了大数据分析评估、智慧决策等关键功能与核心技术。2019 年美国 IBM 公司与荷兰鹿特丹港合作开发了基于物联网平台的数字孪生。该平台侧重于以港口为中心的全链条数据信息的互联互通，以及通过人工智能等先进技术协助港口做决策，例如，通过数字孪生精准计算装卸货量与装卸效率，港口能够更为精准地预估船舶最佳靠岸与离岸时间，从而减少船舶等待时间进而节约成本，其他港口也在推动数字孪生的开发。2020 年，招商国际信息与北京五一视界合作为深圳妈湾港智慧升级，共同打造全新数字孪生港口运营仿真平台，并实现了港口行业在数字孪生全要素场景下的动态数据实时驱动、从货物到港到出港的全周期作业仿真覆盖，以及港口全量工业设备态势感知。同年，意大利里窝那港的数字孪生平台则侧重于将码头现存货物通过 3D 图像的形式实时展现，方便码头定位货物位置。虽然后两个数字孪生案例与鹿特丹港相比尚缺少数据分析、智慧决策等功能，但对码头发展愿景而言，这些功能将会是进一步提升码头作业效率的重要支撑。

　　围绕港口数字化与智慧化发展趋势以及现有港口数字孪生案例，本章总结了港口数字孪生的四个主要模块如图 6-2 所示，分别是港口大数据模块、港口仿真建模模块、港口智能决策模块，数据与业务可视化模块。

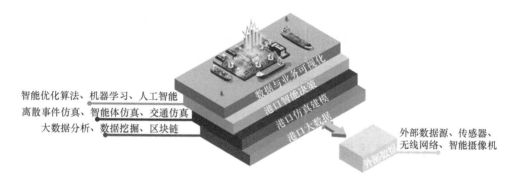

智能优化算法、机器学习、人工智能

离散事件仿真、智能体仿真、交通仿真

大数据分析、数据挖掘、区块链

数据与业务可视化
港口智能决策
港口仿真建模
港口大数据

外部数据

外部数据源、传感器、无线网络、智能摄像机

图 6-2　港口数字孪生的四个主要模块

一、港口大数据

　　要让数字孪生港口真正"活"起来，需要通过真实、实时、多维的数据驱动数字孪生场景，如图 6-3 所示。在运营层面，依托先进网络技术（5G、光纤、WiFi6 等）的大带宽、广连接、低延时的特性，实现港口基础设施（包括港口设备如场桥、岸桥、车辆，边缘设备如传感器、智能摄像机等）及船舶、车辆等的泛在物联和泛在控制，对作业流程进行实时响应，实现真实动作动态还原，同时实现环境数据全监测、能耗设备全感知的一体化信息汇聚。在业务层面，通过汇总整合港口上下游数据，如船运及货代公司排期与货运数据、港务局的通航数据等，对港口业务进行全流程跟踪以及未来业务预测。

通过将港口大数据的全要素数字化映射，软件平台和物理环境共同构成港口数字孪生的数据基础设施，为后续港口仿真建模、智能决策提供海量数据支持。

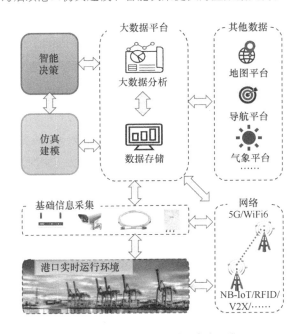

图 6-3 多源数据融合下的数字孪生港口

二、港口仿真建模

仿真建模是港口数字孪生的关键模块，而离散事件仿真则是构成港口仿真的关键技术。离散事件仿真将系统随时间的变化抽象成一系列的离散时间点上的事件，通过按照事件时间顺序处理事件来演进，是一种事件驱动的仿真世界观。该技术特别适用于描述并复现复杂工业系统的作业过程，并已经广泛应用在如生产制造、物流运输等领域。关于离散事件仿真在海运与港口运营领域的应用，可参考本书第二章的文献介绍。

为了实现高拟真的港口仿真并全面复现港口真实作业情景，模型需要满足三个主要需求：在物理层面，尽可能详细地通过计算机语言描述港口设备的机械动作与作业指令的流程；在数据层面，基于大数据平台将模型与环境数据、机械设备数据等相关数据流进行整合；在决策层面，设计应用程序接口使码头作业系统能够与模型交互。想要实现上述模型，一个好的仿真工具必不可少，然而，缺少合适的仿真工具也是普及港口仿真的主要瓶颈。FlexTerm 是第一款商用集装箱码头的仿真工具，如图 6-4 所示。该软件在通用仿真软件 FlexSim 引擎的基础上，通过简单的拖放建模方式和集成的三维环境，将建模变得简单、快速和更直观。FlexTerm 拥有强大的可改变参数的内建组件库，包括岸桥、水平运输工具、场桥等，并可设计不同作业策略，如泊位分配、车辆分配、装卸顺序等。然而由于软件闭源的关系，软件难以根据码头最新技术增加新的设备，如多小车岸桥、无人集装箱卡车等。同时，软件需要进行复杂的脚本编程，通过与应用程序接口与外部数据及程序进行交互。

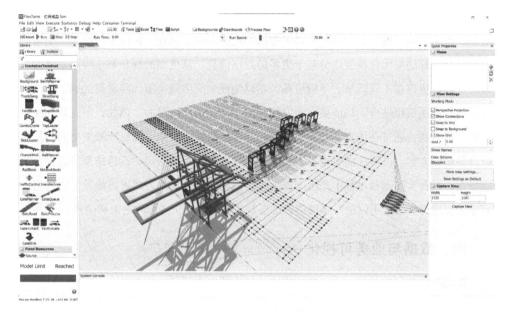

图 6-4　FlexTerm 软件界面

在非商用软件中，新加坡国立大学的李浩斌博士发明的 O^2DES（Object-oriented Discrete Event Simulation Modeling Framework，面向对象的离散事件仿真建模框架）具有一定代表性。该框架基于微软的.Net 语言编写，允许使用者同样基于.Net 语言开发不同的仿真组件，并与其他软件、算法、数据进行绑定。经过一段时间研究与拓展，在多个新加坡港口项目中得到应用。该框架提出了四层港口建模结构，通过港口层、码头层、码头组件层，以及设备层的分层建模以及各层之间相互交互，能够较为清楚地描述港口作业逻辑关系及开发查错。该工具尚处于实验室开发环境，具有较大的潜力满足模型的物理、数据与决策需求，然而该工具缺少成熟的软件界面，使用者需要具有熟练的编程开发能力，入门难度很高。

因此，从开发角度来说，一个好的仿真工具需要在先进的编程语言基础上，提供开放的、层次性的、模块化的软件结构，一方面让建模参与者，无论是初级程序员还是资深架构师，或科研单位研究员、老师，都能够快速上手，降低学习难度；另一方面也利于数据源与软件、模型、模块的绑定。

三、港口智能决策

在港口大数据以及仿真建模的基础上，智能决策将是未来进一步提升港口码头作业效率的重要途径。许多先进的自动化码头已经将智能算法、优化模型等大量应用到码头前沿、水平运输、堆场、闸口、人员等方面的控制与调度流程。相比于传统人工决策的方式，智能算法与优化模型能够基于更多的数据信息、从更高的视角制定控制与调度决策，也就能更好在不同区域、不同设备、不同流程之间协同决策，实现最优解。将仿真建模与智能决策相结合，则能更好地发挥算法与模型的优化潜力。例如，第五章介绍的战略决策问题，通过在仿真环境下求解优化问题，可以在事故、场景尚未发生的时候提前准备最佳方案。同时，由于运算需要时间或算法基于大量假设，运算结果是否符合实际场景，或在实际运营过程中产生怎样效果，需要通过仿真的方式进行检验。通过将仿真结果反馈回算法，可以进一步调整算法参数或搜索方向，进而改进求解结果。

四、数据与业务可视化

数据与业务可视化是不可或缺的模块，其重要性主要包括三个方面。其一，从数据分析汇总角度来说，该模块需要为港口运营参与者提供直观的统计数据，如货物车辆吞吐量、堆场存量等，以及重要的数据分析结果，如堆场、泊位、道路等拥堵预警。通过这些数据与分析，运营参与者将能够快速地观测到港口运营状况，并直观地发现潜在问题。其二，从港口全流程监控角度来说，该模块将通过可视化，如三维图形、虚拟现实、增强现实、平面视觉的方式，结合传感器数据、物联网数据、时空数据，在遵循物理属性和运行规律的条件下，展示系统、设备、货物、人员的实时状态，赋予实时的时空位置与运动态势；同时，允许操作员搜索特定设备与人员，并下发作业指令。可视化模块能让港口运营参与者直接观测到港口实时运行状况，跟踪业务流程以及货物轨迹，实现远程运营并避免烦琐的人工信息收集与反馈过程。其三，从仿真检验与验证角度，可视化模块可以方便建模人员查找逻辑与编程错误，提升建模效率，并让非建模编程专业人员更加方便地参与模型调校的过程。

第五节 小结

随着港口对数据互联、无人作业、高效环保等指标的追求，港口数字孪生将会是未来港口建设与升级的重要项目，但也面临两大困难。第一，对于中小型港口而言，开发数字孪生带来的经济效益很有可能无法抵销产生的成本，相较而言，通过信息化、自动化改造并适配智慧码头作业系统，能带来更显著的效率提升与经济收益。第二，港口仿真建模在技术层面仍需要突破，现有框架或软件在开放性、鲁棒性与易用性上，尚无法满足大型复杂数字孪生的需求。

后　记

港航物流产业支撑了全球绝大部分贸易往来，这个产业不仅涉及港口、码头与航运业务，还连接着上下游各级物流、金融、制造等行业。作为海陆运输的核心节点，港口是各种大小经济体的生命线，但许多港口如美国洛杉矶、菲律宾马尼拉等，受新冠肺炎疫情影响而遭受重创：由于码头货物大量堆积，船舶难以及时装卸船，进而导致以港口为中心的上下游物流网络处于瘫痪状态，最终影响经济复苏。在这个过程中，整个港航业逐渐达成共识，即智慧技术的应用将有助于海港复苏，并可能开创一个经济均衡增长的新时代。从装备自动化、业务无纸化，再到信息互联互通、运营无人化智慧化，越来越多的经济体意识到，投资智慧港口系统和基础设施只是时间问题。

过去的十年里，我国在港口的建设与研发上面投入了大量的人力物力，在软硬件实力方面，快速缩小了与欧美同行的差距，甚至在许多技术上已经赶超欧美。尤其是在最近两三年里，智慧港口发展迅猛。国家先后出台多部文件将智慧港口建设行动列为主要任务，要求推进港口经营单位与相关部门、上下游企业信息互联共享，推动物流协同：2020 年 5 月，中远航运集团、东风商用车和中国移动上海公司集合了三方在智能汽车驾驶技术、航运及综合物流、5G 信息技术优势，在推进港口智慧物流建设上开启了强强联合；上汽集团成立商用车智能驾驶科创公司，与上港集团和中国移动上海公司融合三方技术和资源优势，积极推进洋山港区智能重卡示范运营，并在 2021 年 12 月达成年度 4万 TEU 运输任务；华为在 2021 年 10 月宣布成立海关和港口"军团"组织，发挥自身 5G与人工智能的技术优势的同时，把基础研究的科学家、技术专家、产品专家、工程专家等精英汇聚在一个部门，缩短产品提升的周期，快速切入智慧港口市场。我们已经迎来港航业面向智慧、面向未来的黄金时代。

我国港航物流领域在飞速发展的同时，也培养了大量优秀的学者、工程师、专家，他们在各自擅长的领域做贡献。从学界角度来说，最近几年大批中青年学者投入到科研成果转化、产学研合作等工作之中，这些工作对行业发展有深远意义。无论从技术创新还是研究创新的角度来说，围绕港航物流产业有非常多的未来需求亟待企业、科研院所和高等学校之间开启深度合作，发挥各自优势，形成强大的研究、开发、生产一体化的团队。作者有幸参与了新加坡智慧港口建设的许多工作，并在这两年与国内行业领先企业开启了深度合作研发。从自身经历而言，作者希望政府部门、企业、科研院所和高等学校能够加快步伐，磨合出一条面向行业与科技未来需求的合作道路。

本书仅从港口码头的视角，围绕运筹学领域中仿真优化集成方法这一相对新颖的研究方向开展探讨，并以一些浅显的研究抛砖引玉，希望更多优秀的学者与专家能够参与港航物流领域的研究与开发，让先进的技术与知识助力我国智慧港口、智慧航运、智慧交通的建设，早日实现交通强国这一战略目标。

周琛淏

参 考 文 献

[1]   STEENKEN D, VOß S, STAHLBOCK R. Container terminal operation and operations research–a classification and literature review [J]. OR Spectrum, 2004, 26（1）: 3-49.

[2]   STAHLBOCK R, VOß S. Operations research at container terminals: a literature update [J]. OR Spectrum, 2008, 30（1）: 1-52.

[3]   GHAREHGOZLI A H, ROY D, DE KOSTER R. Sea container terminals: new technologies and OR models [J]. Maritime Economics & Logistics, 2016, 18（2）: 103-140.

[4]   BIERWIRTH C, MEISEL F. A survey of berth allocation and quay crane scheduling problems in container terminals [J]. European Journal of Operational Research, 2010, 202（3）: 615-627.

[5]   BIERWIRTH C, MEISEL F. A follow-up survey of berth allocation and quay crane scheduling problems in container terminals [J]. European Journal of Operational Research, 2015, 244（3）: 675-689.

[6]   ZHEN L, JIANG X, LEE L H, et al. A review on yard management in container terminals [J]. Industrial Engineering and Management Systems, 2013, 12（4）: 289-304.

[7]   CARLO H J, VIS I F, ROODBERGEN K J. Storage yard operations in container terminals: Literature overview, trends, and research directions [J]. European Journal of Operational Research, 2014, 235（2）: 412-430.

[8]   CARLO H J, VIS I F, ROODBERGEN K J. Transport operations in container terminals: Literature overview, trends, research directions and classification scheme [J]. European Journal of Operational Research, 2014, 236（1）: 1-13.

[9]   ANGELOUDIS P, BELL M G. A review of container terminal simulation models [J]. Maritime Policy & Management, 2011, 38（5）: 523-540.

[10]   DRAGOVIĆ B, TZANNATOS E, PARK N K. Simulation modelling in ports and container terminals: literature overview and analysis by research field, application area and tool [J]. Flexible Services and Manufacturing Journal, 2017, 29（1）: 4-34.

[11]   TRAN N K, HAASIS H-D. Literature survey of network optimization in container liner shipping [J]. Flexible Services and Manufacturing Journal, 2015, 27（2）: 139-179.

[12]   PANTUSO G, FAGERHOLT K, HVATTUM L M. A survey on maritime fleet size and mix problems [J]. European Journal of Operational Research, 2014, 235（2）: 341-349.

[13] ANDERSSON H, HOFF A, CHRISTIANSEN M, et al. Industrial aspects and literature survey: Combined inventory management and routing [J]. Computers & Operations Research, 2010, 37（9）: 1515-1536.

[14] ROLDáN R F, BASAGOITI R, COELHO L C. A survey on the inventory-routing problem with stochastic lead times and demands [J]. Journal of Applied Logic, 2017（24）: 15-24.

[15] BHATTACHARYA A, KUMAR S A, TIWARI M, et al. An intermodal freight transport system for optimal supply chain logistics [J]. Transportation Research Part C: Emerging Technologies, 2014（38）: 73-84.

[16] LV B, YANG B, ZHU X, et al. Operational optimization of transit consolidation in multimodal transport [J]. Computers & Industrial Engineering, 2019（129）: 454-464.

[17] HUYNH N, WALTON C M. Robust scheduling of truck arrivals at marine container terminals [J]. Journal of Transportation Engineering, 2008, 134（8）: 347-353.

[18] CHEN X, ZHOU X, LIST G F. Using time-varying tolls to optimize truck arrivals at ports [J]. Transportation Research Part E: Logistics and Transportation Review, 2011, 47（6）: 965-982.

[19] KIM K H, BAE J W. A look-ahead dispatching method for automated guided vehicles in automated port container terminals [J]. Transportation Science, 2004, 38（2）: 224-234.

[20] ZEHENDNER E, RODRIGUEZ-VERJAN G, ABSI N, et al. Optimized allocation of straddle carriers to reduce overall delays at multimodal container terminals [J]. Flexible Services and Manufacturing Journal, 2015, 27（2）: 300-330.

[21] WU Y, LI W, PETERING M E, et al. Scheduling multiple yard cranes with crane interference and safety distance requirement [J]. Transportation Science, 2015, 49（4）: 990-1005.

[22] GHAREHGOZLI A H, VERNOOIJ F G, ZAERPOUR N. A simulation study of the performance of twin automated stacking cranes at a seaport container terminal [J]. European Journal of Operational Research, 2017, 261（1）: 108-128.

[23] HU Q-M, HU Z-H, DU Y. Berth and quay-crane allocation problem considering fuel consumption and emissions from vessels [J]. Computers & Industrial Engineering, 2014（70）: 1-10.

[24] GOLIAS M, PORTAL I, KONUR D, et al. Robust berth scheduling at marine container terminals via hierarchical optimization [J]. Computers & Operations Research, 2014（41）: 412-422.

[25] DAHAL K, GALLOWAY S, BURT G, et al. A port system simulation facility with an optimization capability [J]. International Journal of Computational Intelligence and Applications, 2003, 3(4): 395-410.

[26] DAHAL K, GALLOWAY S, HOPKINS I. Modelling, simulation and optimisation of port system management [J]. International Journal of Agile Systems and Management, 2007, 2（1）: 92-108.

[27] AYDIN N, LEE H, MANSOURI S A. Speed optimization and bunkering in liner shipping in the presence of uncertain service times and time windows at ports [J]. European Journal of Operational Research, 2017, 259（1）: 143-154.

[28] IRANNEZHAD E, PRATO C G, HICKMAN M. The effect of cooperation among shipping lines on transport costs and pollutant emissions [J]. Transportation Research Part D: Transport and Environment,

2018（65）: 312-323.

[29] WANG H, WANG X, ZHANG X. Dynamic resource allocation for intermodal freight transportation with network effects: Approximations and algorithms [J]. Transportation Research Part B: Methodological, 2017（99）: 83-112.

[30] ZHAO Y, XUE Q, CAO Z, et al. A two-stage chance constrained approach with application to stochastic intermodal service network design problems [J]. Journal of Advanced Transportation, 2018, 2018（7）: 6051029.1-18.

[31] ZHAO J, ZHU X, LIU Y, et al. A practical model for inbound container distribution organization in rail-water transhipping terminal [J]. Journal of Control Science and Engineering, 2018, 2018（1）: 9148405.1-11.

[32] ZHOU C, CHEW E P, LEE L H. Information-based allocation strategy for grid-based transshipment automated container terminal [J]. Transportation Science, 2018, 52（3）: 707-721.

[33] ZHOU C, WANG W, LI H. Container reshuffling considered space allocation problem in container terminals [J]. Transportation Research Part E: Logistics and Transportation Review, 2020（136）: 101869.

[34] KANG S, MEDINA J C, OUYANG Y. Optimal operations of transportation fleet for unloading activities at container ports [J]. Transportation Research Part B: Methodological, 2008, 42（10）: 970-984.

[35] GOLIAS M M. A bi-objective berth allocation formulation to account for vessel handling time uncertainty [J]. Maritime Economics & Logistics, 2011, 13（4）: 419-441.

[36] QI X, SONG D-P. Minimizing fuel emissions by optimizing vessel schedules in liner shipping with uncertain port times [J]. Transportation Research Part E: Logistics and Transportation Review, 2012, 48（4）: 863-880.

[37] LONG Y, LEE L H, CHEW E P. The sample average approximation method for empty container repositioning with uncertainties [J]. European Journal of Operational Research, 2012, 222（1）: 65-75.

[38] LONG Y, CHEW E P, LEE L H. Sample average approximation under non-iid sampling for stochastic empty container repositioning problem [J]. OR Spectrum, 2015, 37（2）: 389-405.

[39] SONG D-P, LI D, DRAKE P, et al. Multi-objective optimization for planning liner shipping service with uncertain port times [J]. Transportation Research Part E: Logistics and Transportation Review, 2015（84）: 1-22.

[40] BUSH A, BILES W E, DEPUY G W. Waterway, shipping, and ports: iterative optimization and simulation of barge traffic on an inland waterway [C]// 2003 Winter Simulation Conference, December 7-10, 2003, New Orleans, LA, USA. Piscataway, NJ: IEEE, c2003: 1751-1756.

[41] HRUŠOVSKý M, DEMIR E, JAMMERNEGG W, et al. Hybrid simulation and optimization approach for green intermodal transportation problem with travel time uncertainty [J]. Flexible Services and Manufacturing Journal, 2018, 30（3）: 486-516.

[42] ZHAO Y, IOANNOU P A, DESSOUKY M M. Dynamic multimodal freight routing using a co-simulation

optimization approach [J]. IEEE Transactions on Intelligent Transportation Systems, 2018, 20 (7): 2657-2667.

[43] BENANTAR A, ABOURRAJA M N, BOUKACHOUR J, et al. On the integration of container availability constraints into daily drayage operations arising in France: Modelling and optimization [J]. Transportation Research Part E: Logistics and Transportation Review, 2020 (140): 101969.

[44] KULKARNI K, TRAN K T, WANG H, et al. Efficient gate system operations for a multipurpose port using simulation-optimization [C]// 2017 Winter Simulation Conference, December 3-6, 2017, Las Vegas, NV, USA. Piscataway, NJ: IEEE, c2017: 3090-3101.

[45] AZAB A, KARAM A, ELTAWIL A. A dynamic and collaborative truck appointment management system in container terminals [C]// 6th International Conference on Operations Research and Enterprise Systems, February 23-25, 2017, Porto, Portugal. Setúbal, Portugal: SCITEPRESS, c2017: 85-95.

[46] LEGATO P, MAZZA R M, GULLì D. Integrating tactical and operational berth allocation decisions via simulation-optimization [J]. Computers & Industrial Engineering, 2014 (78): 84-94.

[47] BANKS J. Handbook of simulation: principles, methodology, advances, applications, and practice [M]. New York: John Wiley & Sons, 1998.

[48] FU M C. Handbook of simulation optimization [M]. New York: Springer, 2015.

[49] PASUPATHY R, GHOSH S. Simulation optimization: a concise overview and implementation guide [J]. Theory Driven by Influential Applications, 2013: 122-150.

[50] AMARAN S, SAHINIDIS N V, SHARDA B, et al. Simulation optimization: a review of algorithms and applications [J]. Annals of Operations Research, 2016, 240 (1): 351-380.

[51] CHAU M, FU M C, QU H, et al. Simulation optimization: a tutorial overview and recent developments in gradient-based methods [C]// 2014 Winter Simulation Conference, December 7-10, 2014, Savannah, GA, USA. Piscataway, NJ: IEEE, c2014: 21-35.

[52] XU J, HUANG E, CHEN C-H, et al. Simulation optimization: a review and exploration in the new era of cloud computing and big data [J]. Asia-Pacific Journal of Operational Research, 2015, 32(3): 1550019.

[53] HE J, ZHANG W, HUANG Y, et al. A simulation optimization method for internal trucks sharing assignment among multiple container terminals [J]. Advanced Engineering Informatics, 2013, 27 (4): 598-614.

[54] FANTI M P, IACOBELLIS G, UKOVICH W, et al. A simulation based decision support system for logistics management [J]. Journal of Computational Science, 2015 (10): 86-96.

[55] LAYEB S B, JAOUA A, JBIRA A, et al. A simulation-optimization approach for scheduling in stochastic freight transportation [J]. Computers & Industrial Engineering, 2018, 126: 99-110.

[56] YUE Y, CHUN J, LIN H. Optimal planning on gate system on container terminals based on simulation optimization method and case study [C]// 2006 International Conference on Management Science and Engineering, October 5-7, 2006, Lille, France. Piscataway, NJ: IEEE, c2006: 342-347.

[57] DO N A D, NIELSEN I E, CHEN G, et al. A simulation-based genetic algorithm approach for reducing emissions from import container pick-up operation at container terminal [J]. Annals of Operations Research, 2016, 242（2）: 285-301.

[58] WANG W, JIANG Y, PENG Y, et al. A simheuristic method for the reversible lanes allocation and scheduling problem at smart container terminal gate [J]. Journal of Advanced Transportation, 2018, 2018（1）.

[59] ZHOU C, LI H, LEE B K, et al. A simulation-based vessel-truck coordination strategy for lighterage terminals [J]. Transportation Research Part C: Emerging Technologies, 2018（95）: 149-164.

[60] HE J, HUANG Y, YAN W. Yard crane scheduling in a container terminal for the trade-off between efficiency and energy consumption [J]. Advanced Engineering Informatics, 2015, 29（1）: 59-75.

[61] CORDEAU J-F, LEGATO P, MAZZA R M, et al. Simulation-based optimization for housekeeping in a container transshipment terminal [J]. Computers & Operations Research, 2015（53）: 81-95.

[62] LI W, XIAONING Z, ZHENGYU X. Efficient container stacking approach to improve handling: efficiency in Chinese rail-truck transshipment terminals [J]. Simulation, 2020, 96（1）: 3-15.

[63] ZHANG C, WU T, KIM K H, et al. Conservative allocation models for outbound containers in container terminals [J]. European Journal of Operational Research, 2014, 238（1）: 155-165.

[64] URSAVAS E. Priority control of berth allocation problem in container terminals [J]. Annals of Operations Research, 2022, 317: 805-824.

[65] YILDIRIM M S, AYDIN M M, GöKKUŞ Ü. Simulation optimization of the berth allocation in a container terminal with flexible vessel priority management [J]. Maritime Policy & Management, 2020, 47（6）: 833-848.

[66] LEGATO P, MAZZA R M, TRUNFIO R. Simulation-based optimization for discharge/loading operations at a maritime container terminal [J]. OR Spectrum, 2010, 32（3）: 543-567.

[67] ZENG Q, DIABAT A, ZHANG Q. A simulation optimization approach for solving the dual-cycling problem in container terminals [J]. Maritime Policy & Management, 2015, 42（8）: 806-826.

[68] AL-DHAHERI N, JEBALI A, DIABAT A. A simulation-based genetic algorithm approach for the quay crane scheduling under uncertainty [J]. Simulation Modelling Practice and Theory, 2016（66）: 122-138.

[69] CHANG D, JIANG Z, YAN W, et al. Integrating berth allocation and quay crane assignments [J]. Transportation Research Part E: Logistics and Transportation Review, 2010, 46（6）: 975-990.

[70] HE J. Berth allocation and quay crane assignment in a container terminal for the trade-off between time-saving and energy-saving [J]. Advanced Engineering Informatics, 2016, 30（3）: 390-405.

[71] LU Z-Q, XI L-F. A proactive approach for simultaneous berth and quay crane scheduling problem with stochastic arrival and handling time [J]. European Journal of Operational Research, 2010, 207（3）: 1327-1340.

[72] LI H, ZHOU C, LEE B K, et al. Capacity planning for mega container terminals with multi-objective and

multi-fidelity simulation optimization [J]. IISE Transactions, 2017, 49 (9): 849-862.

[73] ZENG Q, YANG Z. Integrating simulation and optimization to schedule loading operations in container terminals [J]. Computers & Operations Research, 2009, 36 (6): 1935-1944.

[74] LI H, WANG D. Parallel simulation-based optimization on block planning and dynamic truck configuration of container terminals [J]. International Journal of Information, 2009, 4 (2): 1-8.

[75] DONG J-X, SONG D-P. Container fleet sizing and empty repositioning in liner shipping systems [J]. Transportation Research Part E: Logistics and Transportation Review, 2009, 45 (6): 860-877.

[76] DONG J-X, SONG D-P. Quantifying the impact of inland transport times on container fleet sizing in liner shipping services with uncertainties [J]. OR Spectrum, 2012, 34 (1): 155-180.

[77] XING X, DRAKE P R, SONG D, et al. Tank container operators' profit maximization through dynamic operations planning integrated with the quotation-booking process under multiple uncertainties [J]. European Journal of Operational Research, 2019, 274 (3): 924-946.

[78] NABAIS J L, NEGENBORN R R, BOTTO M A. Hierarchical model predictive control for optimizing intermodal container terminal operations [C]// 2013 16th International IEEE Conference on Intelligent Transportation Systems, October 6-9, 2013, The Hague, Netherlands. Piscataway, NJ: IEEE, c2013: 708-713.

[79] LI L, NEGENBORN R R, DE SCHUTTER B. Intermodal freight transport planning – A receding horizon control approach [J]. Transportation Research Part C: Emerging Technologies, 2015 (60): 77-95.

[80] DI FEBBRARO A, SACCO N, SAEEDNIA M. An agent-based framework for cooperative planning of intermodal freight transport chains [J]. Transportation Research Part C: Emerging Technologies, 2016 (64): 72-85.

[81] WEAVER G A, MARLA L. Cyber-physical simulation and optimal mitigation for shipping port operations [C]// 2018 Winter Simulation Conference, December 9-12, 2018, Gothenburg, Sweden. Piscataway, NJ: IEEE, c2018: 2747-2758.

[82] ZEHENDNER E, FEILLET D. Benefits of a truck appointment system on the service quality of inland transport modes at a multimodal container terminal [J]. European Journal of Operational Research, 2014, 235 (2): 461-469.

[83] KULKARNI K, LAU H C, WANG H, et al. Design and implementation of decision support for traffic management at multipurpose port gates [C]// 2018 Winter Simulation Conference, December 9-12, 2018, Gothenburg, Sweden. Piscataway, NJ: IEEE, c2018: 2909-2920.

[84] TANG L, JIANG W, LIU J, et al. Research into container reshuffling and stacking problems in container terminal yards [J]. IIE Transactions, 2015, 47 (7): 751-766.

[85] GüVEN C, TüRSEL ELIIYI D. Modelling and optimisation of online container stacking with operational constraints [J]. Maritime Policy & Management, 2019, 46 (2): 201-216.

[86] ANGELOUDIS P, BELL M G. An uncertainty-aware AGV assignment algorithm for automated container

terminals [J]. Transportation Research Part E: Logistics and Transportation Review, 2010, 46（3）: 354-366.

[87] KAVAKEB S, NGUYEN T T, MCGINLEY K, et al. Green vehicle technology to enhance the performance of a European port: a simulation model with a cost-benefit approach [J]. Transportation Research Part C: Emerging Technologies, 2015（60）: 169-188.

[88] SPEER U, FISCHER K. Scheduling of different automated yard crane systems at container terminals [J]. Transportation Science, 2017, 51（1）: 305-324.

[89] GUAN Y, YANG K-H. Analysis of berth allocation and inspection operations in a container terminal [J]. Maritime Economics & Logistics, 2010, 12（4）: 347-369.

[90] BRUZZONE A, SIGNORILE R. Simulation and genetic algorithms for ship planning and shipyard layout [J]. Simulation, 1998, 71（2）: 74-83.

[91] ARANGO C, CORTéS P, MUñUZURI J, et al. Berth allocation planning in Seville inland port by simulation and optimisation [J]. Advanced Engineering Informatics, 2011, 25（3）: 452-461.

[92] LANG N, VEENSTRA A. A quantitative analysis of container vessel arrival planning strategies [J]. OR Spectrum, 2010, 32（3）: 477-499.

[93] ALVAREZ J F, LONGVA T, ENGEBRETHSEN E S. A methodology to assess vessel berthing and speed optimization policies [J]. Maritime Economics & Logistics, 2010, 12（4）: 327-346.

[94] GAMBARDELLA L M, MASTROLILLI M, RIZZOLI A E, et al. An optimization methodology for intermodal terminal management [J]. Journal of Intelligent Manufacturing, 2001, 12（5）: 521-534.

[95] SACONE S, SIRI S. An integrated simulation-optimization framework for the operational planning of seaport container terminals [J]. Mathematical and Computer Modelling of Dynamical Systems, 2009, 15（3）: 275-293.

[96] ZHOU Y, GE Y-E, WANG W. Traffic impact analysis of inspection area site selection at a foreign trade container terminal [J]. Maritime Policy & Management, 2020, 47（1）: 73-91.

[97] FAGERHOLT K, CHRISTIANSEN M, HVATTUM L M, et al. A decision support methodology for strategic planning in maritime transportation [J]. Omega, 2010, 38（6）: 465-474.

[98] HALVORSEN-WEARE E E, FAGERHOLT K, RöNNQVIST M. Vessel routing and scheduling under uncertainty in the liquefied natural gas business [J]. Computers & Industrial Engineering, 2013, 64（1）: 290-301.

[99] SONG D-P, DONG J-X. Flow balancing-based empty container repositioning in typical shipping service routes [J]. Maritime Economics & Logistics, 2011, 13（1）: 61-77.

[100] SONG D-P, DONG J-X. Cargo routing and empty container repositioning in multiple shipping service routes [J]. Transportation Research Part B: Methodological, 2012, 46（10）: 1556-1575.

[101] MCGEOCH C. Analyzing algorithms by simulation: variance reduction techniques and simulation speedups [J]. ACM Computing Surveys, 1992, 24（2）: 195-212.

[102] AVRAMIDIS A N, WILSON J R. Integrated variance reduction strategies for simulation [J]. Operations Research, 1996, 44 (2): 327-346.

[103] XU J, ZHANG S, HUANG E, et al. MO2TOS: Multi-fidelity optimization with ordinal transformation and optimal sampling [J]. Asia-Pacific Journal of Operational Research, 2016, 33 (03): 1650017.

[104] FAZI S, FRANSOO J C, VAN WOENSEL T. A decision support system tool for the transportation by barge of import containers: A case study [J]. Decision Support Systems, 2015 (79): 33-45.

[105] KONINGS R. Opportunities to improve container barge handling in the port of Rotterdam from a transport network perspective [J]. Journal of Transport Geography, 2007, 15 (6): 443-454.

[106] KONINGS R, KREUTZBERGER E, MARAŠ V. Major considerations in developing a hub-and-spoke network to improve the cost performance of container barge transport in the hinterland: the case of the port of Rotterdam [J]. Journal of Transport Geography, 2013 (29): 63-73.

[107] NABAIS J, NEGENBORN R, BENíTEZ R C, et al. Achieving transport modal split targets at intermodal freight hubs using a model predictive approach [J]. Transportation Research Part C: Emerging Technologies, 2015 (60): 278-297.

[108] MARAŠ V, LAZIĆ J, DAVIDOVIĆ T, et al. Routing of barge container ships by mixed-integer programming heuristics [J]. Applied Soft Computing, 2013, 13 (8): 3515-3528.

[109] BRAEKERS K, CARIS A, JANSSENS G K. Optimal shipping routes and vessel size for intermodal barge transport with empty container repositioning [J]. Computers in Industry, 2013, 64 (2): 155-164.

[110] FAZI S, ROODBERGEN K J. Effects of demurrage and detention regimes on dry-port-based inland container transport [J]. Transportation Research Part C: Emerging Technologies, 2018 (89): 1-18.

[111] PHAN M-H, KIM K H. Negotiating truck arrival times among trucking companies and a container terminal [J]. Transportation Research Part E: Logistics and Transportation Review, 2015 (75): 132-144.

[112] PHAN M-H, KIM K H. Collaborative truck scheduling and appointments for trucking companies and container terminals [J]. Transportation Research Part B: Methodological, 2016 (86): 37-50.

[113] CHEN G, JIANG L. Managing customer arrivals with time windows: a case of truck arrivals at a congested container terminal [J]. Annals of Operations Research, 2016, 244 (2): 349-365.

[114] GRACIA M D, GONZáLEZ-RAMíREZ R G, MAR-ORTIZ J. The impact of lanes segmentation and booking levels on a container terminal gate congestion [J]. Flexible Services and Manufacturing Journal, 2017, 29 (3): 403-432.

[115] LI H, LEE L H, CHEW E P, et al. MO-COMPASS: A fast convergent search algorithm for multi-objective discrete optimization via simulation [J]. IIE Transactions, 2015, 47 (11): 1153-1169.

[116] LEE L H, CHEW E P, TENG S, et al. Finding the non-dominated Pareto set for multi-objective simulation models [J]. IIE Transactions, 2010, 42 (9): 656-674.

[117] LEE L H, CHEW E P, TAN K C, et al. An optimization model for storage yard management in transshipment hubs [M]//KIM K H, GüNTHER H-O. Container Terminals and Cargo Systems. Berlin:

Springer，2007.

[118] JIANG X J，JIN J G. A branch-and-price method for integrated yard crane deployment and container allocation in transshipment yards [J]. Transportation Research Part B：Methodological，2017(98)：62-75.

[119] ZHEN L. Yard template planning in transshipment hubs under uncertain berthing time and position [J]. Journal of the Operational Research Society，2013，64（9）：1418-1428.

[120] ZHEN L，CHEW E P，LEE L H. An integrated model for berth template and yard template planning in transshipment hubs [J]. Transportation Science，2011，45（4）：483-504.

[121] HENDRIKS M，LEFEBER E，UDDING J T. Simultaneous berth allocation and yard planning at tactical level [J]. OR Spectrum，2013，35（2）：441-456.

[122] TAO Y，LEE C-Y. Joint planning of berth and yard allocation in transshipment terminals using multi-cluster stacking strategy [J]. Transportation Research Part E：Logistics and Transportation Review，2015（83）：34-50.

[123] WANG K，ZHEN L，WANG S，et al. Column generation for the integrated berth allocation，quay crane assignment，and yard assignment problem [J]. Transportation Science，2018，52（4）：812-834.

[124] JIN J G，LEE D-H，HU H. Tactical berth and yard template design at container transshipment terminals：A column generation based approach [J]. Transportation Research Part E：Logistics and Transportation Review，2015（73）：168-184.

[125] BAZZAZI M，SAFAEI N，JAVADIAN N J C，et al. A genetic algorithm to solve the storage space allocation problem in a container terminal [J]. Computers & Industrial Engineering，2009,56(1)：44-52.

[126] LI M-K. Yard storage planning for minimizing handling time of export containers [J]. Flexible Services and Manufacturing Journal，2015，27（2）：285-299.

[127] JIANG X,LEE L H,CHEW E P,et al. A container yard storage strategy for improving land utilization and operation efficiency in a transshipment hub port [J]. European Journal of Operational Research,2012,221（1）：64-73.

[128] JIANG X，CHEW E P，LEE L H，et al. Flexible space-sharing strategy for storage yard management in a transshipment hub port [J]. OR Spectrum，2013，35（2）：417-439.

[129] KIM K H. Evaluation of the number of rehandles in container yards [J]. Computers & Industrial Engineering，1997，32（4）：701-711.

[130] KANG J，RYU K R，KIM K H. Deriving stacking strategies for export containers with uncertain weight information [J]. Journal of Intelligent Manufacturing，2006，17（4）：399-410.

[131] LEE Y，LEE Y-J. A heuristic for retrieving containers from a yard [J]. Computers & Operations Research，2010，37（6）：1139-1147.

[132] KU D，ARTHANARI T S. Container relocation problem with time windows for container departure [J]. European Journal of Operational Research，2016，252（3）：1031-1039.

[133] TING C-J，WU K-C. Optimizing container relocation operations at container yards with beam search [J].

Transportation Research Part E: Logistics and Transportation Review, 2017 (103): 17-31.

[134] GHAREHGOZLI A, MILESKI J P, DURU O. Heuristic estimation of container stacking and reshuffling operations under the containership delay factor and mega-ship challenge [J]. Maritime Policy & Management, 2017, 44 (3): 373-391.

[135] ZHAO W, GOODCHILD A V. The impact of truck arrival information on container terminal rehandling [J]. Transportation Research Part E: Logistics and Transportation Review, 2010, 46 (3): 327-343.

[136] VAN ASPEREN E, BORGMAN B, DEKKER R. Evaluating container stacking rules using simulation [C]// 2010 Winter Simulation Conference, December 5-8, 2010, Baltimore, MD, USA. Piscataway, NJ: IEEE, c2010: 1924-1933.

[137] BORGMAN B, VAN ASPEREN E, DEKKER R. Online rules for container stacking [J]. OR Spectrum, 2010, 32 (3): 687-716.

[138] VAN ASPEREN E, BORGMAN B, DEKKER R. Evaluating impact of truck announcements on container stacking efficiency [J]. Flexible Services and Manufacturing Journal, 2013, 25 (4): 543-556.

[139] KU L P, LEE L H, CHEW E P, et al. An optimisation framework for yard planning in a container terminal: case with automated rail-mounted gantry cranes [J]. OR Spectrum, 2010, 32 (3): 519-541.

[140] HAN Y, LEE L H, CHEW E P, et al. A yard storage strategy for minimizing traffic congestion in a marine container transshipment hub [J]. OR Spectrum, 2008, 30 (4): 697-720.

[141] LIM A. The berth planning problem [J]. Operations Research Letters, 1998, 22 (2-3): 105-110.

[142] KENNEDY J, EBERHART R. Particle swarm optimization [C]// ICNN'95-International Conference on Neural Networks, November 27 - December 1, 1995, Perth, WA, Australia. Piscataway, NJ: IEEE, c1995: 1942-1948.

[143] CHEN L, MILLER-HOOKS E. Resilience: an indicator of recovery capability in intermodal freight transport [J]. Transportation Science, 2012, 46 (1): 109-123.

[144] NAIR R, AVETISYAN H, MILLER-HOOKS E. Resilience framework for ports and other intermodal components [J]. Transport Res Rec, 2010, 2166 (1): 54-65.

[145] CHEN C-H, LIN J, YüCESAN E, et al. Simulation budget allocation for further enhancing the efficiency of ordinal optimization [J]. Discrete Event Dynamic Systems, 2000, 10 (3): 251-270.

[146] CHEN C-H, LEE L H. Stochastic simulation optimization: an optimal computing budget allocation [M]. Singapore: World Scientific Publishing House, 2011.

[147] MANSOURI S A, LEE H, ALUKO O. Multi-objective decision support to enhance environmental sustainability in maritime shipping: A review and future directions [J]. Transportation Research Part E: Logistics and Transportation Review, 2015, 78: 3-18.

[148] BRUZZONE A, MASSEI M, MADEO F, et al. Modeling environmental impact and efficiency in maritime logistics [C]// 2010 Summer Computer Simulation Conference, July 11-14, 2010, Ottawa Ontario, Canada. San Diego, CA: Society for Computer Simulation International, c2010: 433-438.

[149] PANT R, BARKER K, RAMIREZ-MARQUEZ J E, et al. Stochastic measures of resilience and their application to container terminals [J]. Computers & Industrial Engineering, 2014, 70: 183-194.

[150] SHAFIEEZADEH A, BURDEN L I. Scenario-based resilience assessment framework for critical infrastructure systems: Case study for seismic resilience of seaports [J]. Reliability Engineering System Safety, 2014 (132): 207-219.

[151] ALYAMI H, LEE P T-W, YANG Z, et al. An advanced risk analysis approach for container port safety evaluation [J]. Maritime Policy & Management, 2014, 41 (7): 634-650.

[152] ASADABADI A, MILLER-HOOKS E. Maritime port network resiliency and reliability through co-opetition [J]. Transportation Research Part E: Logistics and Transportation Review, 2020 (137): 101916.

[153] ZHOU C, LEE L H, CHEW E P, et al. A modularized simulation for traffic network in container terminals via network of servers with dynamic rates [C]// 2017 Winter Simulation Conference, December 3-6, 2017, Las Vegas, NV, USA. Piscataway, NJ: IEEE, c2017: 3150-3161.

[154] TALLEY W K. Performance indicators and port performance evaluation [J]. Logistics Transportation Review, 1994, 30 (4): 339.

[155] MARLOW P B, CASACA A C P. Measuring lean ports performance [J]. International Journal of Transport Management, 2003, 1 (4): 189-202.

[156] DE LANGEN P, NIDJAM M, VAN DER HORST M. New indicators to measure port performance [J]. Journal of Maritime Research, 2007, 4 (1): 23-36.

[157] MILLER-HOOKS E, ZHANG X, FATURECHI R. Measuring and maximizing resilience of freight transportation networks [J]. Computers Operations Research, 2012, 39 (7): 1633-1643.

[158] NAGARAJ K, XU J, PASUPATHY R, et al. Efficient Estimation in the Tails of Gaussian Copulas [J]. arXiv preprint arXiv: 160701375, 2016.

[159] BARTON R R, NELSON B L, XIE W. Quantifying input uncertainty via simulation confidence intervals [J]. INFORMS Journal on Computing, 2014, 26 (1): 74-87.

[160] WANG T, XU J, HU J-Q. A study on efficient computing budget allocation for a two-stage problem [J]. Asia-Pacific Journal of Operational Research, 2021, 38 (2).

[161] GLAESSGEN E, STARGEL D. The digital twin paradigm for future NASA and US Air Force vehicles [C]// 53rd AIAA/ASME/ASCE/AHS/ASC Structures, Structural Dynamics and Materials Conference, Honolulu, Hawaii, USA. Reston, VA: AIAA, c2012: 1818-1832.

[162] LI H, ZHU Y, CHEN Y, et al. The object-oriented discrete event simulation modeling: a case study on aircraft spare part management [C]// 2015 Winter Simulation Conference, December 6-9, 2015, Huntington Beach, CA, USA. Piscataway, NJ: IEEE, c2015: 3514-3525.

[163] LI H, ZHOU C, LEE B K, et al. A hierarchical modeling paradigm for multi-fidelity simulation of mega container terminals [C]// 2017 IEEE/SICE International Symposium on System Integration, December 11-14, 2017, Taipei. Piscataway, NJ: IEEE, c2017: 247-252.